Gaojiaqiao Xiangliang Jiagu
yu Zhongchengshi Gongqiao Jiance Shili

公路高架桥箱梁加固与中承式拱桥检测实例

游子兰　主编
赵　伟　主审

人民交通出版社
China Communications Press

内 容 提 要

本书共两章。第一章为某高架桥箱梁加固施工实例，第二章为某中承式拱桥检测各项内容、方法、目的、依据和标准。

本书可供从事桥梁检测、危桥加固技术人员和管理人员学习参考。

图书在版编目(CIP)数据

公路高架桥箱梁加固与中承式拱桥检测实例 / 游子兰主编. —北京：人民交通出版社，2009.9

ISBN 978-7-114-07978-8

Ⅰ. 公… Ⅱ. 游… Ⅲ. ①公路桥：高架桥：箱梁桥—桥梁工程—加固②公路桥：中承式桥：拱桥—检测 Ⅳ. U448.14

中国版本图书馆 CIP 数据核字(2009)第 153514 号

书　　名：公路高架桥箱梁加固与中承式拱桥检测实例
著 作 者：游子兰
责任编辑：赵瑞琴
出版发行：人民交通出版社
地　　址：(100011)北京市朝阳区安定门外外馆斜街 3 号
网　　址：http://www.ccpress.com.cn
销售电话：(010)59757969，59757973
总 经 销：北京中交盛世书刊有限公司
经　　销：各地新华书店
印　　刷：北京市密东印刷有限公司
开　　本：850×1168　1/32
印　　张：3.875
字　　数：80 千
版　　次：2009 年 10 月第 1 版
印　　次：2009 年 10 月第 1 次印刷
书　　号：ISBN 978-7-114-07978-8
定　　价：12.00 元

编　委　会

目录 CONTENTS

第一章　公路高架桥箱梁加固实例

随着社会的进步和交通运输事业的日益发展，汽车行驶速度和载重量都有了很大的提高，尤其是拖挂运输和集装运输车辆增多，现有公路桥梁中有相当一部分已满足不了使用上的基本要求，在不同程度上存在或多或少的安全隐患。为保证桥梁的设计使用寿命和满足交通运输事业日益发展的需要，防止交通事故的发生和桥梁缺陷的进一步发展，对旧桥进行技术改造、加固，提高其承载能力，势在必行。

第一节　危桥调查

该桥为分离式高架桥梁，分左、右半幅，半幅桥宽为 11m + 2 ×0.5m，上部构造为 5 ×45m 单箱单室预应力混凝土等高连续梁，原施工采用顶推法施工。

在加固设计施工前对箱梁进行了裂缝及缺陷病害调查，左、右半幅各跨箱内、箱外均裂缝较多，箱梁实际裂缝总长 8871m。且底板、顶板、腹板以及箱内各隔板都有不同程度的贯穿性裂缝，尤其是隔板上的贯穿性裂缝更为突出，裂缝宽度达到 1mm 以上。缝宽 0.1mm 以内的裂缝主要分布在箱梁内顶部部位，为纵向细长缝；缝宽 0.1mm 以上的裂缝主要分布在箱梁腹部部位，为斜向受剪破坏裂缝；同时，隔板部位裂缝较大，均为纵向贯穿裂缝。另外箱梁内混凝土表面凹凸不平，尚有许多原施工用的模板未拆除，左、右半幅箱梁顶板和腹板以及墩身多处混凝土剥落，有露筋和渗水现象等。裂缝及病害调查采用“40 倍带光源读数显微镜”进行逐条观测和钢尺进行度量，对箱梁的原混凝土强度未作检测判断。

裂缝及病害调查为加固设计的进一步完善提供了有力的依据，也为施工方案的选择和施工顺序的确定提供可靠的依据。

第二节 质量、安全、进度管理

维修加固工程工期短、施工工艺复杂、分项工程多、施工难度大、技术含量高，为优质、高效地在合同工期内完成本合同的施工任务，抽调了素质高、业绩好、有加固施工经验的技术骨干和管理人员组建大桥加固工程项目经理部，安排有大型桥梁施工及工程加固经验的熟练技术人员组成施工队。

根据工程规模和特点，配足了施工所需设备、人员，并根据工程需要都及时安排到位。施工前组织上岗人员进行技术培训，编制项目计划书，对关键工序都作了重点控制，各分项工程开工前也做了人员技术培训和技术交底，加强了职工重视质量、安全、进度以及环境保护意识，确保本维修加固工程高效、优质、提前完成。

1. 质量管理

由项目经理牵头，项目副经理、总工程师、质检人员参加组成的质量管理小组是工程质量管理的领导机构，负责组织实施、兑现工程质量目标，落实项目质量管理岗位责任制。

在人员安排上，抽调有大型桥梁施工及桥梁工程加固经验的熟练技术工人组成作业班组。在项目实施过程中，严格施工方案审批关和原材料进场关，各类原材料进场都在监理工程师旁站的情况下，按相关规范要求进行可抽样送检工作。在施工工地应设置试验室，试验室设备应有保证施工质量的相关设备。总之从思想上、组织上、技术上为加固项目施工质量打下了扎实基础。在项目实施过程中的质量监控管理和各分项工程成品检查验收中，为项目质检发挥了应有的作用。

2. 安全管理

安全包括桥梁自身结构安全和施工人员安全，项目管理过程中也是紧紧以此为中心的。结构安全从施工方案到施工质量严格控制，具体细致到材料的材质、加固的力学分析、吊篮的焊缝质量，施工中的钢筋位置、间距、型号、几何尺寸都做到严格把关。支模、混凝土的配合比、振动密实度和养护等做到严格控制和检查，确保施工中无安全、质量问题和停工、返工现象。人员安全也是项目管理的重点，根据加固桥施工特点，制订严格的安全管理制度，设置专职安全员并持证上岗。要求全体职工进入施工现场必须佩戴安全防护用品，严禁酒后上班。为职工购买防滑鞋、安全帽、安全带，安全管理做到奖罚兑现。在施工方案中，也把安全措施作为重点考虑，并在技术交底中作严格的要求。确保安全制度、安全措施的认真落实，严格按照安全技术操作规范和施工程序进行作业。从开始进场到工程完工，无安全事故发生。

3. 进度方面

项目管理在抓重点，安全的同时，丝毫不能放松对工期的管理。从人员组织上，选择技术熟练、业务素质高的人员参加项目施工操作。在保证质量、安全前提下，实行分班、分组、加班、超时、超量作业。在施工组织上，每个环节都作出具体劳动力安排计划，尽量避免因工序不当造成停工、窝工、返工、待料等情况。严格按照计划操作，材料进场计划、设备进场计划必须服从于施工进度计划，并提前做好材料检验和设备维修保养，施工进度计划实行工期倒排，能平行作业的工序尽量采取平行作业方式进行，这样大大缩短工期，为提前竣工赢得宝贵时间。

第三节　箱梁裂缝处理

1. 根据设计要求，封缝处理、灌缝处理标准如下。

(1)箱梁裂缝封缝处理

对缝宽小于0.1mm的裂缝采用表面涂刷环氧树脂浆液封缝处理。

(2)压浆处理

对缝宽大于等于0.1mm的裂缝采用压浆处理。

(3)对具有贯通性的裂缝处理方法，采用压浆处理，对短小裂缝采用表面封闭处理。

2. 表面封闭施工

(1)清理裂缝处构件表面，用丙酮或二甲苯或酒精擦洗，待干燥后用排笔反复涂刷环氧浆液，每隔3~5min涂刷一次，涂层厚度1mm左右。

(2)环氧浆液配制

环氧浆液组成材料用量用弹簧秤严格按比例称量，应保证灌浆材料可沿缝适量渗入，一次配制量不宜过多，灌浆浆液变黏稠时不可再用。环氧浆液配比如表1-1。

环氧树脂浆液参考配合比　　表1-1

主剂	增塑剂	稀释剂		固化剂
环氧树脂6101号(E－44)(g)	邻苯二甲酸二丁酯(mL)	二甲苯(或丙酮)(mL)	甲苯(mL)	乙二胺(mL)
100	25	—	—	8～10

3. 压浆修补裂缝施工

1)环氧浆液配方选择

根据设计提供如表1-2四种配方确定配比。

环氧树脂浆液参考配合比　　表1-2

主剂	增塑剂	稀释剂		固化剂
环氧树脂6101号(E－44)(g)	邻苯二甲酸二丁酯(mL)	二甲苯(或丙酮)(mL)	甲苯(mL)	乙二胺(mL)
100	25	—	—	8～10
100	10	40～60	—	8～10
100	10	40～50	—	8～12
100	—	—	30～40	8～10

通过现场试验确定最终配合比，确定原则为既保证浆材具有可灌性，又要保证灌缝质量达到要求。

2)压浆施工工艺流程

裂缝表面处理→埋设灌浆嘴→封浆→封浆检查→配制浆液→灌浆→封口处理→检查

(1)裂缝处理

灌缝前，应首先对裂缝进行处理，先用钢丝刷、角磨机清除裂缝表面的灰尘、浮渣、松散层；然后用空压机将裂缝中混凝土碎屑、粉尘清除干净；再用毛刷蘸丙酮溶液，把沿缝两侧各5cm宽范围擦洗干净，并保持干燥。

(2)埋设灌浆嘴

沿裂缝方向每隔350～500mm骑缝埋设灌浆嘴，当从1个灌浆嘴灌浆时，其他灌浆嘴可当作排气嘴使用。

将灌浆嘴先固定在预定的位置上，在灌浆嘴四周及外表面用厚约5mm的建筑结构胶将灌浆嘴密封、黏结好。

(3)封缝

先用结构胶将裂缝表面填平，然后在裂缝上涂一层厚5mm左右、宽50mm的结构胶，结构胶涂抹时应严防产生小孔和气泡，保证裂缝、灌浆嘴封闭可靠。

(4)检查

裂缝封闭后应进行压气试漏，检查密封效果。待封缝结构胶具有一定强度时，一般定为24小时。沿裂缝涂一层肥皂水，从灌浆嘴通入压缩空气，凡漏气处应进行修补，直至不漏气为止。

(5)灌浆

灌浆压力和顺序：采用空压机、专用灌浆压力罐及注浆管组成的灌浆系统，按自上而下的次序，连接到注浆嘴上，逐个灌浆，灌浆压力为0.2～0.4MPa。

停止灌浆标准：灌浆停止的标准为吸浆率小于0.05L/min，再继续压注浆液5min即可停止灌浆，关闭进浆嘴阀门，并封闭该灌浆嘴。

记录内容：记录每条缝的进浆量和注浆所用时间、时刻，对进浆量小的应分析原因，采取有效措施，保证裂缝灌浆密实。

灌浆结束后，应及时清洗管道和灌浆设施。

(6)封口处理

待缝内浆液达到初凝而不外流时,可拆下灌浆嘴,再用结构胶把灌浆嘴处抹平、封牢。

(7)检验验收

灌浆结束后,应检查补强效果和质量,发现缺陷及时补救,确保灌缝质量。

用压缩空气或压力水检查灌缝是否密实。

对灌封胶、封缝胶进行现场抽样检验,应满足设计要求标准。

现场进行了取芯检查,缝内胶液填充密实。

第四节 预应力钢绞线束施工

1. 施工准备

1)材料准备

(1)钢绞线采用 ASTM A416-92 标准 270 级、公称直径 15.24mm 的无黏结低松弛钢绞线,公称面积 140mm^2,标准强度 $f_{ptk}=1860$MPa,控制应力 $\sigma_{con}=0.6f_{ptk}$,张拉端选用 QM15-7,QM15-9 型锚具。钢绞线进场时附有钢绞线产品生产厂家的出厂合格证,复检合格证,然后进行钢绞线见证取样检查,产品质量必须符合 GB/T5224-2003 有关规定。

(2)预应力锚具:因为本工程预应力中采用高强度低松弛钢绞线,对锚具的要求高。按照规范要求,锚具必须采用Ⅰ类锚具:

锚具效率系数 $A\geq0.95$

试件破断时的总应变 $\varepsilon_u \geqslant 2\%$

产品质量必须符合（GB/T 14370—2000）《预应力筋用锚具、夹具和连接器》有关规定。

（3）张拉端：采用群锚，由群锚锚具、锚垫板组成。

2）机具、设备准备

工程预应力筋的张拉设备配备，详见表1-3。

表1-3

编号	名称	数量	备注
1	千斤顶	6台	张拉
2	油泵	6台	张拉
3	切割机	4台	配套锯电
4	角向磨光机	6台	
5	电焊机	6台	焊定位点
6	电盘线	10套	
7	工具箱	5个	常用工具
8	钢卷尺	10个	测量张拉值

3）技术准备

（1）转向器、预埋钢管等安装就位，其安装允许偏差符合设计及规范要求；

（2）混凝土养护龄期达到7天并强度超过标准强度90%；

（3）钢绞线材质证明书齐全，按有关规定对钢绞线抽检强度、弹性模量、截面积、延伸量和硬度，且抽检合格。锚具材质证明书齐全且抽检合格。检查每捆钢绞线有无不均匀初应力：截取2～3m长的钢绞线，在室内放置24h后，检查各钢丝是否仍为一个平面，如发生变化，说明钢绞线存在不均匀初应力，此类钢绞线禁止使用，应予退货。采用具有较高的防护处理钢绞线束，采用经实际工程检验具有较高可信度的成品钢绞线。

(4)千斤顶经过标定；

(5)对固定工班进行了技术交底及安全交底；组织预应力分项施工人员熟悉图纸，熟悉现场情况；

(6)熟悉张拉顺序；

(7)预应力张拉前，混凝土 7d 强度均符合设计要求(见附表 1)。

4)人员组织

预应力分项施工作业人员全部经过严格的岗位培训，并持证上岗。根据设计图纸，进行无黏结预应力筋的具体施工。预应力工程的劳动力组织应充分考虑预应力施工特点，即存在各工种同时交叉作业，铺放时间限制严格，预应力筋张拉可能受工期约束等。根据综合考虑确定工程预应力施工人员安排见表 1-4。

表 1-4

对讲机	2 部，两端同时张拉指挥用
穿钢绞线束	10 人
张拉	10 人，其中两端对讲指挥 2 人
延伸量测量	2 人
记录	2 人
技术指导	钢绞线厂、锚具厂专业技术人员
技术总负责	总监理工程师，总工程师
安全	2 人

2. 施工方法及施工组织

1)预应力钢绞线束的张拉施工工艺框图,见图1-1。

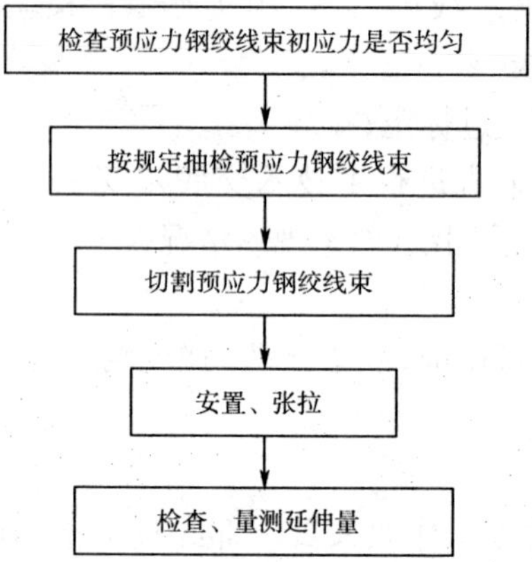

图 1-1

2)施工方法

(1)预应力钢绞线束的下料与组装。

预应力钢绞线束应按照施工图纸规定进行下料,按施工图结构尺寸和数量,考虑预应力筋的工作长度、张拉设备及不同形式的组装要求,定长下料;然后将各种类型的预应力筋按照图纸的不同规格进行编号堆放。预应力钢绞线束的下料设计计算尺寸见表1-5。

(2)钢绞线束应妥善放置并防止锈蚀。钢绞线束下料应用圆盘锯切割(严禁用电焊切割),切割面应为一个平面,以便张拉时检查断丝。

(3)预应力钢绞线束张拉,应在有经验的技术人员指导下由固定工班进行操作。每次张拉均应有完整记录,并现场监理。

表 1-5

孔　号	预应力钢绞线束编号	钢绞线束型号	单根长度（m）	下料长度（m）	根数
第 2 孔	Y4	15 – 7	47. 268	48. 868	4
	Y5	15 – 7	47. 258	48. 858	4
	Y6	15 – 7	47. 258	48. 858	4
第 3 孔	Y7	15 – 7	47. 339	48. 939	4
	Y8	15 – 7	47. 339	48. 939	4
	Y9	15 – 7	47. 360	48. 960	4
第 4 孔	Y4	15 – 7	47. 268	48. 868	4
	Y5	15 – 7	47. 258	48. 858	4
	Y6	15 – 7	47. 258	48. 858	4
第 5 孔	Y10	15 – 9	45. 423	47. 023	8

（4）预应力张拉控制应力，应根据设计要求及施工规范的要求，考虑到预应力张拉中的各种应力损失。张拉时作超张拉，超张拉应力按 2% 计，张拉控制应力 σ_{con}，$\sigma_{con} = 0.6 f_{ptk} + 0.02 f_{ptk} = 0.62 f_{ptk}$。各种钢绞线张拉控制应力及控制张拉力如表 1-6。

预应力筋张拉控制应力及控制张拉力表　　表 1-6

预应力钢绞线束张拉编号	设计张拉伸长量（m）	施工控制张拉伸长量（m）	张拉应力（MPa）	控制张拉力（N）
Y4	0. 1327	0. 1247 ~ 0. 1406	1138. 32	1203204
Y5	0. 1327	0. 1247 ~ 0. 1406	1138. 32	
Y6	0. 1327	0. 1247 ~ 0. 1406	1138. 32	
Y7	0. 1329	0. 1249 ~ 0. 1408	1138. 32	
Y8	0. 1329	0. 1249 ~ 0. 1408	1138. 32	
Y9	0. 1329	0. 1249 ~ 0. 1408	1138. 32	
Y10	0. 2482	0. 2333 ~ 0. 2631	1138. 32	1546526

注：此表内伸长量的控制是按照设计图纸上伸长量的 ±6% 进行计算。

（5）据每批钢绞线的实际直径，随时调整千斤顶限位尺寸，以免出现滑丝或钢绞线严重刮伤甚至断丝。张拉千斤顶与油泵配套使用，张拉前进行了标定（注：并不定期检查标定）。张拉设备的标定期限不应超过 6 个月。在下列情况下应重新标定：

①新千斤顶初次使用前；

②油压表指针不能退回零点，更换新表后；

③千斤顶、油压表和油管进行过更换或维修后；

④张拉时出现断筋而又找不到原因时；

⑤停放三个月不用后、重新使用之前；

⑥油表受到摔碰等大的冲击时。

（6）张拉操作步骤：初张拉（张拉力 P_0 等于 0.1 倍设计张拉力 P）→持荷 2min→开始作记号→第二次张拉（张拉力 P_1 等于设计张拉力 P）→持荷 2min→测量延伸量 δ_1→第三次张拉（张拉力 P_2 等于设计 102% 设计张拉力 P）→持荷 2min→测量延伸量 δ_2→回油→测量延伸量 δ_3。查看 $\delta_3—\delta_2$ 是否大于 7mm，若大于 7mm，表明出现了整体滑丝，应查明原因并采取措施解决后方可继续张拉。再检查钢绞线尾端标定平面是否仍为一个平面，如平面出现了变化，说明有个别钢绞线出现了滑丝现象，必须采取措施进行及时处理，处理后重新张拉、测量。如果没有出现整体滑丝且钢绞线尾端标定平面为一个平面，可计算延伸量：实测伸长值 $\triangle L_1=\delta_2$，推算伸长值 $\triangle L_2=\delta_1/5$，实际伸长量 $L=\triangle L_1+\triangle L_2=\delta_2+\delta_1/5$。

（7）张拉次序为：第一跨 Y3→第二跨 Y6→第三跨 Y9→第四跨 Y6→第五跨距腹板最近一对 Y10→第一跨 Y2→第二跨 Y5→第三跨 Y8→第四跨 Y5→第五跨 Y10→第二跨 Y4→第三跨 Y7→第四跨 Y4，要求左右两根同时对称张拉，4 个油泵操作手

同时张拉，同时控制张拉和延伸量两个设计指标。（两端对讲机同时指挥）

3）张拉注意事项

（1）预应力钢绞线束张拉采用双控指标，以延伸量为主。延伸量为钢绞线束上标定平面位置距锚垫板之间的距离变化值，不得以油缸伸长代替延伸量。

（2）张拉中，要检查张拉结果，理论伸长值与实测值的误差不得超过施工验收规范允许范围（ -6% ~ +6% ）。

（3）预应力钢绞线束要严格按照施工方案要求张拉。

（4）张拉过程中，预应力钢绞线束两端及千斤顶后不得站人，操作人员应听从负责人安排。

（5）用于工程的锚具，在制作、存储、运输和使用过程中，应妥善保管，避免锈蚀。

（6）用于工程的钢绞线束，应在平坦干燥的场地上用砂轮锯逐根切割，严禁用电弧焊切割；同一束预应力筋的每根钢绞线尾端标定平面应仍为一个平面。

（7）在构件的任何截面应保持中心与施工图预应力筋的坐标一致。

（8）在整个预应力钢绞线束的铺设过程中，如周围有焊接施工，预应力钢绞线束应用多层板进行保护，防止焊渣飞溅损伤预应力钢绞线束的保护层。

（9）当张拉长束因千斤顶活塞行程不足需多次张拉时，应分级张拉，中间各级临时锚固后，重新安装千斤顶，并重新读表和量测伸长值后再继续张拉，避免伸长值量测累计误差。

（10）张拉中应避免预应力钢丝的滑丝、断丝和断裂，如发生应暂停张拉，查明原因采取纠正措施后恢复张拉。

(11)张拉过程中,预应力钢绞线束两端及千斤顶后不得站人,操作人员应服从负责人指挥。

(12)张拉过程中,为安全起见,工作位置上下垂直点上不得有其他工种施工。

4)成品保护

预应力钢绞线束,应按施工图上结构尺寸和数量,考虑预应力钢绞线束的外露长度,张拉设备的组装要求,预留出足够的长度进行下料,用砂轮切割。当预应力锚具及配件运到工地,铺设使用前,应将其妥善存在干燥的地方,底层要有垫木,上面采取防护措施,以避免材料锈蚀。锚具、配件要存放室内。

5)材料节约

(1)各型号预应力钢绞线束要严格按图纸计算定长下料。

(2)张拉用锚具由专人负责发放,做到一孔一锚。

(3)夹片用塑料圈套好后再装入锚具,防止丢失。

3. 预应力钢绞线束技术资料管理及归档

预应力钢绞线束专项施工资料,应由项目资料员及时整理,发现现问题及时与设计、监理等部门协商、通报,并及时解决问题。专项施工技术资料按规定整理成册,在专业施工完成一个月内整理完成。预应力钢绞线束专项工程通常作为整体单位工程中主体分部的一个分项工程验收。预应力钢绞线束专项施工资料如下:

(1)预应力专项工程施工方案;

(2)预应力钢绞线束的出厂合格证;

(3)预应力钢束的复检报告;

(4)锚具的出厂合格证;

(5)预应力张拉记录;

(6)分项检验评定表；

(7)千斤顶及油表标定报告；

(8)张拉前混凝土(7天)抗压强度试验报告；

(9)设计变更、技术核定单；

(10)安全技术交底记录。

4. 确保安全文明施工的技术组织措施

(1)建立安全保障体系，由项目安全员全面管理，班组长具体负责预应力施工的安全；

(2)在进行技术交底时，同时进行安全施工交底；

(3)张拉操作人员必须持证上岗；

(4)张拉作业时，在任何情况下严禁有人站在预应力钢绞线束端部正后方位置操作人员严禁站在千斤顶后部，在张拉过程中，不得擅自离开岗位；

(5)油泵与千斤顶的操作者必须紧密配合，只有在千斤顶就位妥当后方可开动油泵。油泵操作人员必须精神集中，平稳给油回油，应密切注视油压表读数。张拉到位或回缸到底时，需及时将控制手柄置于中位，以免回油压力瞬间迅速加大；

(6)张拉过程中，锚具和其他机具严防高空坠落伤人，油管接头处和张拉油缸端部严禁手触或站人，操作人应站在油缸两侧；

(7)预应力钢绞线束施工人员进入现场应统一着装，并遵守工地的消防规定；

(8)电气设备及电缆电线的架设和移动由专人负责。

5. 确保工程质量的技术组织措施

(1)加强技术管理，认真贯彻国家规定、规范、操作规程及各项管理制度。

(2)建立完整的质量管理体系，项目管理部设置管理领导小组，由项目负责人和总工程师全权负责。

(3)严格执行质量目标管理，把质量与效益严密挂钩，实行优质优价，质量目标责任制。质检员认真行使质量否决权，使质量管理始终处于受控状态。

(4)项目部每天要开好现场的质量碰头会，每周对工程进行全面检查、分析，即分析质量存在的问题、原因及措施，查出问题及时整改。

(5)预应力张拉操作人员，必须经过培训，持证上岗。

(6)应严格执行“三检”和“一控”，对质量问题要“三不放过”；

“三检”：自检、互检、交接检；

“一控”：自控准确率、一次验收合格率。

(7)应加强施工全过程中的质量预控，密切配合建设、监理方人员的检查与验收，按时做好隐蔽工程记录。

(8)加强原材料的管理工作，严格执行各种材料的检验制度，对进场的材料和设备必须认真检验，并及时向监理方提供材质证明、试验报告和材料、设备报验单。

(9)优化施工方案，认真做好图纸会审和技术交底。每段都要有明确和详细的技术交底。施工中随时检查施工措施的执行情况，作好施工记录。按时进行施工质量检查，掌握施工情况。

(10)加强成品率保护工作，对预应力钢绞线束采取保护措施，吊装时应使用专用吨绳。

(11)认真做好工程技术资料，及时准确完整收集和整理好各种资料，如合格证、试验报告、质检报告、各项施工记录等，及时办理各种签证手续，由资料员负责各种资料的收发、管理、整理和保管等。

（12）实行严格的奖罚制度，奖优罚劣。对重视质量，施工质量一次达标者给予奖励，对不重视质量，违章作业，质量低劣者给予重罚。若造成返工，损失由责任人自负。

（13）按照中华人民共和国标准《公路工程质量检验评定标准》（JTG F80/1—2004）和中华人民共和国行业标准的规定进行质量评定，工程质量必须符合上述标准的要求。

第五节　箱梁内铆粘钢板加固施工

1. 铆粘钢板加固方法

通过在箱梁腹板内左右侧用铆钉铆钢板和用结构胶粘贴钢板，使用钢板与箱梁腹板牢固结合为可协同受力的一个整体。钢板与竖直方向夹角为30°，由于铆钉端部锥体可在铆钉锚固钢板的同时将钢板拉紧，使钢板能充分发挥承载作用，从而达到对箱梁腹板加固的目的。钢板铆粘于腹板大样如图1-2。

2. 铆粘钢板施工

1）准备工作

除按《设备、人员动员周期和设备、人员、材料运到施工现场的方法及其管理》作准备外，对以下两个具体问题应心中有数，提前准备。

（1）按设计要求预应力钢绞线束布设应在铆钉钢板之前，预应力钢绞线束的锚固块、转向板位置钢板，无法按设计位置施工时，要有一个备用解决方案。

（2）预应力钢绞线束布设后，局部个别铆钉施工需采取一定措施。

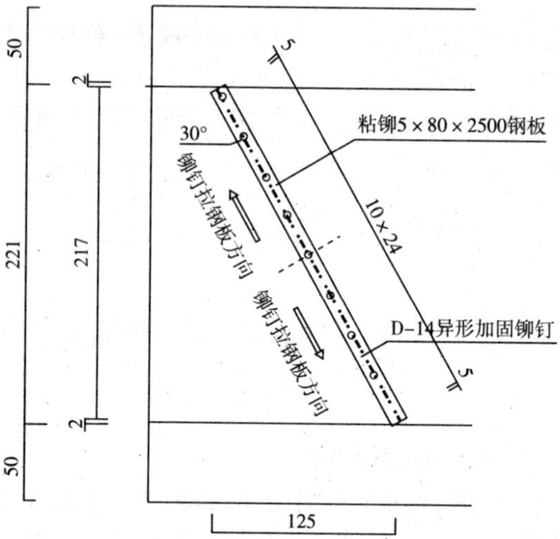

图1-2　钢板铆粘腹板大样(尺寸单位:cm)

(3)预应力钢绞线束张拉后,立即对箱梁局部铆粘钢板部位铆钢加固。

2)铆粘钢板工艺

(1)粘钢板工艺过程:钢板条制作→混凝土面和钢板面处理→配胶→涂胶→钻孔、搭铆钉固定钢板→检验

(2)钢板条制作:根据设计要求粘钢和铆钢的钢板宽为80mm,厚为5mm,长度主要有2.5m、2.38m、2.2m、2.1m 4种。钢板上钻孔间距为21cm、24cm两种。购买钢板后运至机械加工厂,按上述(钢板图)尺寸规格和要求数量加工。钢板孔在工地钻孔。

由于建筑结构胶为有机材料,在受热情况下会迅速老化。所以,在进行第一铆粘钢板施工前,应事先按照设计要求把钢筋

焊到钢板上，然后进行铆粘钢板、钢筋张拉等工序。

（3）表面处理：先凿去混凝土松散层，将混凝土表面大致凿平整，然后用角向磨光机将钢板黏贴面打磨平整，并用钢丝刷将表面浮渣刷去，粘贴钢板时用空压机将粘结面吹干净。对于混凝土表面凹陷过大的部位，应提前用修补材料将表面处理平整。

对钢板表面进行除锈和表面粗糙处理，将钢板用磨光机打磨至金属光泽，然后用粗砂轮片进行粗糙打磨，打磨纹路与钢板受力方向垂直。

（4）结构胶配制好后，用抹刀涂在已处理好的混凝土面上，厚度1～3mm为宜，中间厚两边薄，然后将钢板粘贴至预定的位置。

（5）钢板粘贴于预定位置后，应立即进行钉孔打铆、打入异形铆钉。异形铆钉全部打入后，通过铆钉对钢板拉伸作用，保证钢板沿受力方向拉紧，并将钢板牢固地铆接于加固构件上，结构胶通过挤压从钢板边缘挤出。

（6）异形铆钉铆接钢板工艺要求

①配置结构胶用于固定铆钉。铆钉钢板用胶量很少，应根据每次用量配制。

②钢板就位、打孔：将钢板条放置于要加固构件的表面，打孔时，先从钢板条最中间孔打起，用电锤对住钢板孔往混凝土中打孔，孔径ϕ12mm，孔深80mm，打孔后清除孔内灰尘。

③孔内注胶：将配好的胶填入孔中，胶填入孔内约至50%深度即可。

④打入铆钉：铆钉选用异形加固铆钉（铆钉尺寸形状见设计图）。将铆钉头锥面对准钢板受拉方向，将铆钉用手锤打入孔中，铆钉头露出钢板面按0～2mm控制。每打一个孔，应立即完成注胶和打铆钉的工作，然后再钉下一个铆钉。

⑤铆完中间孔后，对称地往两端逐个完成打孔、注胶、打铆钉的工作，直至钢板两端完成最后一个孔，就完成了整个铆钉加固过程。

3）质量检验

（1）钢板与建筑结构胶进场后，及时向监理工程师提供材质证明书及产品合格证，并对钢板、结构胶进行现场抽样检验。

（2）铆钉现场抽样，在试验室作单个铆钉抗剪力试验，单个铆钉抗剪力大于30kN为合格。

（3）在工地现场抽样检查钢板与现场混凝土的粘贴性能，并应满足表1-7的要求。

结构胶力学性能指标 表1-7

粘贴材料类型	轴心抗拉强度（MPa）	抗剪强度（MPa）
钢—钢	>33	>18
钢—混凝土	$>f_{ct.k}$（混凝土破坏）	$>f_{cv.k}$（混凝土破坏）
混凝土—混凝土	$>f_{ct.k}$（混凝土破坏）	$>f_{cv.k}$（混凝土破坏）

注：$f_{ct.k}$为混凝土抗拉强度值；$f_{cv.k}$为混凝土抗剪强度值。

第六节　碳纤维布粘贴施工

1. 加固方法

（1）碳纤维布在箱梁腹板外侧粘贴

粘贴方向与竖直方向夹角为30度，碳纤维布规格为300g/m²，幅宽为100mm，每跨梁粘贴数量和间距均按设计图要求布设。

（2）压条粘贴

压条粘于腹板外侧面斜向碳纤维布端部，均为水平方向，箱梁腹板每个侧面3条，每条宽100mm。对于长度超过25m的应分割为两条粘贴，两条碳纤维布搭接长度不小于20cm。

2. 施工工艺

1）碳纤维布粘贴施工工艺过程

箱梁外侧基面处理→配制底胶→涂刷底胶→裁剪碳纤维布→配制面胶→涂面胶→粘贴碳纤维布→检查→罩面防护处理。

2）箱梁外侧基面处理

（1）用角磨机将构件基面打磨平整；

（2）用角磨机将构件转角处打磨成半径不小于20mm的圆弧，根据现场情况，在基面按要求处理并涂底胶后，也可用建筑结构胶修补为半径不小于20mm的圆弧；

（3）用空气压缩机将混凝土构件表面及修补基面吹洗干净并保持干燥。

3）配制底胶

（1）将底胶按说明书配合比称量准确，混合并搅拌均匀；

（2）底胶每次配置量为1kg；

（3）底胶配制好以后，要求30min内使用完毕。

4）涂底胶

（1）用刮板或毛刷将底胶均匀涂抹于混凝土构件表面；

（2）等手指触感干燥时，尽快进行下一道工序；

（3）对混凝土面台阶和凹凸不平处，涂底胶后用建筑结构胶修补平整。

5）裁剪碳纤维布

按幅宽100mm裁剪碳纤维布，斜向碳纤维布条按设计长度裁剪，压条较长时分为两段，搭接长度大于200mm（对碳纤维布的裁剪制作用专用设备)。

6)配制面胶

(1)将面胶按说明书配合比用天平秤秤量准确,人工混合搅拌均匀,无气泡产生;

(2)面胶每次配置量为1kg;

(3)面胶配制好以后,要求30min内使用完毕。

7)涂面胶

将配制好的碳纤维布黏结剂,均匀涂抹于混凝土粘贴部位表面,在搭接、拐角部位应多涂一些面胶。

8)粘贴碳纤维布

(1)将碳纤维布(加固碳纤维布、U形箍、压条)拉紧对准位置后粘贴,用刮板沿同一方向反复刮或用特制的滚筒沿纤维布方向多次滚压,除去气泡,直至胶料渗出;然后表面再涂刮面胶,使面胶充分浸润碳纤维布,刮压或滚压时不得损伤碳纤维布。

(2)若需搭接,碳纤维布沿纤维方向搭接长度不得小于200mm,多层粘贴时,搭接部位不得在同一部位。

(3)多层粘贴时,待碳纤维布表面胶液手指触感干燥时,尽快进行下层粘贴。

(4)粘贴碳纤维布应尽量避开障碍物,如遇无法清除的障碍物需要截断时,在截断部位要适当处理。

9)罩面防护处理

(1)碳纤维布粘贴、检查合格后,在最后一层碳纤维布表面均匀涂抹一道黏结剂,为便于外粉,应粘一层粗砂,自然风干。

(2)5天后,在碳纤维布粘贴加固后的构件表面粉刷一层

10mm 厚 M15 水泥砂浆防护层，使外侧整体颜色一致。

3. 检查验收

(1)检查碳纤维布粘贴是否密实。

(2)若发现有间隙或气泡，应及时用针管注入面胶，用刮板沿同一方向反复刮压，确保粘贴实心密实。

(3)碳纤维布主要力学性能指标满足下表 1-8 的要求。

碳纤维布材料主要力学性能指标　　表 1-8

性能指标	碳纤维布	碳纤维板
抗拉强度标准值 f_{cfk}	≥3000MPa	≥2000MPa
弹性模量 E_{cf}	≥2.1×10^5MPa	≥1.4% ×10^5MPa
伸长率	≥1.5%	≥1.5%

(4)碳纤布黏结剂按国家有关规范规定检验。

第七节　水泥基灌浆材料加厚腹板施工

1. 施工方法

箱梁腹板粘铆钢板后，通过植筋的方法从腹板植出钢筋网片拉结筋，植筋深度为 10cm，拉结筋间距为 40cm，梅花形布置；然后在拉结筋上挂钢筋网片，最后支模板灌注水泥基灌浆材料加大原腹板厚度，提高腹板的强度和刚度，并对粘贴钢板起到保护作用。

2. 施工工艺

1)施工工艺

原构件混凝土表面处理→植钢筋网片拉结筋→挂钢筋网片→支模板→灌注水泥基浆材料→拆模→养护→检验。

2)原构件混凝土基面处理

清除基面松散层,清除浮灰、油污,并用高压水对基面冲洗,保证基面洁净,以利于黏结牢固。

3)植筋、挂钢筋网片

植筋施工工艺要求按第八节植筋施工工艺进行。如有植筋孔因加固钢板无法打孔时,可适当调整钻孔位置。植筋锚固材料采用 CJC 高效植筋锚固剂,锚固剂固化时间与外界温度关系较大,常温下锚固剂植筋后 3 天可受力使用。挂钢筋网片,须等植筋锚固剂植筋固化后进行,按设计要求预留保护层厚度绑扎固定,钢筋网片拼接处采用钢丝绑扎牢固。

4)支模

采用木模板现场按设计尺寸制作,模板固定要牢固,无漏浆缝隙、孔洞。将水泥基灌浆材料直接浇注于模板内,灌浆材料可自动流平,或用压浆机注入模板内。

5)灌浆材料拌制

采用 L250 型砂浆搅拌机现场搅拌,灌浆料采用性能较好的 CJC 无收缩自流平灌浆料,灌浆料与水的混合比为 1∶0.15。根据每次搅拌量计算灌浆材料和用水量,每次拌和量应保证灌浆材料失去自流平性能前全部使用完毕,灌浆材料与水的重量严格按配合比秤量。对加入的强不裂纤维事先派专人按要求进行秤量分装以备用。

6)浇注

(1)基面湿润:在灌注前 4 ~6h,将基面用水充分湿润,灌浆材料入模前除去基面的明水。

(2)灌注:将拌制好的浆料均匀倒于固定好的模板内,或通过高位灌浆漏斗灌注于模板内,也可采用压浆机注入模板内。

浆料具有高流动性能，无需振捣，入模自动找平，按模成型。

（3）灌注要求：为了便于灌注过程中空气排除，应从灌注体一侧灌注，不允许同时从几处灌注，灌注开始后，须连续进行，直至一个浇注单元施工完成。灌注过程中停止施工时，在灌浆料茬口用齿刀刮出齿口，以保证施工接缝处结合牢固。

7）养护

浆料硬化前，表面覆盖进行养护，20°C 左右温度，养护 3 天，温度较低时，应养护 5 天。

8）注意事项

（1）拌制好的灌浆料失去自流平性能时，不可再次加水混合搅拌使用。

（2）施工后的机具，应及时用水清洗干净，以备下次使用。

（3）现场使用灌浆材料，严禁掺入其他外加剂、外掺料。

3. 检查验收

（1）施工材料进场后，应及时向监理工程师提供材质证明书及产品合格证，对钢筋强度进行现场抽样检验。

（2）灌浆料在现场取样后，到试验室检测材料的力学性能指标。水泥基灌浆材料力学指标满足《水泥基灌浆材料施工技术规程》（YB/T 9261—98）规定要求，具体要求如表 1-9。

水泥基灌浆材料验收标准　　表 1-9

型号	竖向膨胀率（%）	抗压强度（MPa）			流动度（mm）	粘贴强度（MPa）	
	1d	1d	3d	28d		HPB235	HRB335
Ⅰ级	≥0.02	≥33	≥40	≥65	≥270	≥6	≥13
Ⅱ级	≥0.02	≥22	≥38	≥65	≥240	≥6	≥13
附注	水泥基灌浆材料的验收以实验室检验为标准						

（3）施工过程中均同步做有水泥基浆试件，检测报告见后附资料。

第八节 植筋施工

1. 施工部位

（1）预应力钢绞线束锚固块、转向板钢筋植筋；

（2）钢筋网片拉结筋植筋。

2. 施工工艺

（1）植筋工艺过程：放线定位→打孔→清孔→锚固剂配制→植筋→养护。

（2）打孔：根据设计要求位置标出需植钢筋的位置，用电锤钻孔，钻孔孔径比所植钢筋直径大 4 ~ 6mm，ϕ6 钢筋网片，拉结筋植筋深度为 5cm，ϕ16 钢筋植筋深度为 16cm。

（3）清孔：用柱状毛刷插入植筋孔内，上下拉动毛刷，刷去孔壁浮灰。再用空压机将孔内灰尘吹净，也可用高压水清洗植筋孔，植筋时将孔内明水用棉纱吸干净。

（4）锚固剂配制：采用 CJC 无机高效植筋锚固剂，高效植筋锚固性能满足表 1-10 的力学指标要求，每次配制量根据一次植筋数量拌制。

（5）植筋：先将孔内填入拌制好的锚固剂，然后将钢筋旋转插入孔中，锚固剂填入量以钢筋插入后锚固剂从植筋孔口能挤出为标准。

（6）钢筋植入后，在锚固剂凝固（1 天时间）前不能触动，钢筋锚固后 3 天可受力使用。

3. 检查验收

(1)施工材料进场后,及时向监理工程师提供材质证明书及产品合格证,对钢筋强度现场抽样检验。

(2)在施工现场作植筋抗拉拔力试件,检测钢筋抗拉拔强度。

(3)植筋锚固材料力学指标如表1-10。

植筋锚固材料力学指标　　表1-10

项目	抗压强度（MPa）	HRB335 钢筋锚固强度（螺纹钢）	HPB235 钢筋锚固强度（圆钢）
	3d	15d 植筋深度	15d 植筋深度
指标	≥30	≥钢筋屈服强度	≥钢筋屈服强度

4. 应注意的问题

(1)在植筋施工前,请有资质的单位对原箱梁结构钢筋进行检测,并详细做标记,避免钻孔时伤及原有钢筋,造成安全隐患。

(2)植筋施工完成后,对所植钢筋的抗拔试验(本单位自检、监理单位抽检和有资质的检测单位抽检)。相关数据资料后附。

第九节　梁底面修补

1. 修补方法

在箱梁底板下表面抹一层1cm厚的混凝土修补砂浆。为了提高混凝土修补砂浆的抗裂、抗渗性能,施工时按产品要求比例加入聚丙烯纤维。

2. 施工方案

1)基面处理

将混凝土松散表面凿去,并用钢丝刷将表面浮渣刷去,然后用高压水将基面冲洗干净。

2)聚丙烯纤维混凝土修补砂浆配制

(1)秤量:修补砂浆采用混凝土修补粉剂与水拌和配制。根据单位时间施工面积计算修补剂和用水量。每次拌和量应保证修补砂浆初凝前全部使用完毕,修补剂与水的使用量严格按产品要求配合比秤量。

(2)搅拌:先将秤量好的水加入搅拌桶中,然后逐渐加入聚丙烯纤维和修补剂,边投料边用电动搅拌器搅拌,直至秤量好的材料全部加完,再继续搅拌 3 ~5min,使聚丙烯纤维在修补砂浆中完全搅拌均匀,静置 1min 备用。

(3)聚丙烯纤维掺入量为混凝土修补粉剂重量的 1/1000。

3)修补抹面

(1)基面湿润:在施工前 4 ~6h 将基面用水充分湿润,施工时除去基面上的明水。

(2)修补砂浆抹面:将拌制好的修补砂浆按修补面顺势抹于基面,抹压密实平整,厚度为 1cm,配制好的修补砂浆宜在 30min 内用完。

4)养护

保持表面湿润,洒水养护 3 ~5 天。

3. 注意事项

(1)拌制好的修补剂初凝后,不可再次使用。

(2)施工后的机具,应及时用水清洗干净,以备下次使用。

(3)检查验收,现场应制作混凝土修补砂浆(加入聚丙烯纤维)抗压试块和与 C30 混凝土黏结试块,试块的抗压强度应大于50MPa,黏结抗剪强度应大于2.85MPa。

第十节 防水涂料喷涂施工

对高架桥箱梁腹板和底板无机防水涂料的喷涂,可以使箱梁外腹板部位的碳纤维起到防水、防腐、抗老化的保护作用;同时对整个箱梁外混凝土表面(破损表面需用修补砂浆修补后再喷涂)起到保护作用;增长混凝土使用寿命,还可以使桥梁外观整体焕然一新,起到美观的作用。

1. 施工人员、设备、材料准备

(1)施工人员安排

施工班组共2组:每组16人,其中基面处理6人,防水涂料配制2人,喷涂6人,其他2人。

(2)施工工具、设备准备

施工设备工具数量和规格如表1-11。

防水涂料喷涂施工设备、工具表　　表1-11

序号	机械名称	规格型号	数量	用 途
1	角向磨光机	DGJ—100K	4台	基面处理
2	搅拌机		4台	修补砂浆和防水涂料搅拌
3	台秤		2台	材料配比秤量
4	空压机、细气管	0.12m^3/min	4台	清理基面表面
5	涂料喷涂机		6台	罩面防护
6	电锤		2台	破损混凝土清除
7	抹灰刀		6把	修补和拌和
8	木刮板		4把	修补

(3)施工材料准备

施工材料准备如表1-12。

防水试验材料表　　表1-12

材料名称	单位	数量	规格	用途
修补砂浆	kg	500	CJC-B	混凝土表面修补
防水涂料	kg	6000	CJC-B2	罩面处理

2. 施工工艺要求

1)喷涂方法

对箱梁外腹板和底板部位采用边检查边修补喷涂的方法进行,在对碳纤维布附近混凝土进行修补时,严禁损坏碳纤维布。

2)施工工艺

(1)防水涂料喷涂程序

施工准备→基面处理→混凝土破损表面修补→清理表面粉尘(严禁有明水)→配制防水涂料→首次喷涂→二次喷涂→检查→组织验收

(2)施工准备

①由于本喷涂作业均为高空吊篮作业,需对工人进行高空作业安全及防护培训,由施工安全有关部门专人负责。

②施工前,严格检查电源,用电设备和吊篮,杜绝安全隐患。

③检查(维修)防水涂料专用喷涂机,并保证储料罐及管路洁净。

(3)基面处理

①打磨混凝土基面,使其表面粗糙、平整,使防水涂料结合牢固。

②碳纤维布表面涂刷碳纤维黏结剂,面上均匀洒上中砂(需过筛)。

(4)混凝土破损表面修补

①对漏筋、蜂窝麻面等混凝土破损表面进行修补时，先用电锤清除破损部位的松散混凝土，并用水冲净，而后用修补砂浆将其修补平整；

②清除外漏钢筋及杂物；

③对碳纤维布附近破损混凝土表面进行修补时，应注意保护碳纤维布，严禁损伤碳纤维布。

(5)清理预喷表面粉尘

用空气压缩机将混凝土表面及修补基面、碳纤维布表面吹干净并保持干燥。

(6)配制防水涂料

①将防水涂料 A 组分(固体粉剂)、B 组分(液体)用台秤严格按重量比 1∶0.4 配制，并搅拌均匀。

②防水涂料混合后必须在 1h 内用完。

③在使用过程中，若防水涂料变稠后，可适量加些 B 组分，充分搅拌后继续使用。

(7)首遍喷涂

①将配置好的防水涂料加入喷涂机。

②喷涂时保证喷嘴距预喷表面 15cm，喷射角度 60°。

③喷涂防水涂料控制在 0.3 ~0.6kg/m^2。

(8)二次喷涂

①首次喷涂面干燥后，即可进行第二次喷涂；

②二次喷涂后，喷涂厚度控制在 0.3 ~0.5mm 左右。

(9)检查

①对二次喷射后的喷涂面进行检查，若发现某些喷射区域厚度小于 0.3mm，需进行第三次喷涂(待二次喷涂表面干燥后)。

②如发现有喷涂表面裂缝，需铲除该区域，然后按工艺要求

再次施喷。

3)检查验收

①喷射厚度在0.3~0.5mm之间。

②喷射表面无裂痕、裂缝,整体表面平整、干净、色泽均匀一致。

③防水涂料喷涂按国家有关规范规定检验。

第十一节　加固材料主要技术指标要求

1. 混凝土

预应力钢绞线束的锚固板、转向板,采用C60混凝土,质量应符合《公路钢筋混凝土及预应力混凝土桥涵设计规范》(JTG D62—2004)要求。

2. 应力钢绞线和锚具

钢绞线采用ASTM A416-92标准270级、公称直径15.24mm的低松弛钢绞线,公称面积140mm²,标准强度1860MPa,弹性模量1950000MPa,钢绞线须具有较强的防腐性能。锚具设计采用15-7、15-9型锚具。

3. 裂缝用结构胶和灌缝胶力学指标如表1-13和表1-14。

结构胶力学指标　　表1-13

粘贴材料类型	轴心抗拉强度(MPa)	抗剪强度(MPa)
钢—钢	>33	>18
钢—混凝土	$>f_{ct}^{0}$(混凝土破坏)	$>f_{cv}^{0}$(混凝土破坏)
混凝土—混凝土	$>f_{ct}^{0}$(混凝土破坏)	$>f_{cv}^{0}$(混凝土破坏)

注:f_{ct}^{0}为混凝土抗拉强度;f_{cv}^{0}为混凝土抗剪强度。

灌缝胶力学指标 表 1-14

粘贴材料类型	轴心抗拉强度(MPa)	抗剪强度(MPa)
钢—钢	>10.0	>10.0
钢—混凝土	$>f_{ct}^{0}$(混凝土破坏)	$>f_{cv}^{0}$(混凝土破坏)
混凝土—混凝土	$>f_{ct}^{0}$(混凝土破坏)	$>f_{cv}^{0}$(混凝土破坏)

注:f_{ct}^{0}为混凝土抗拉强度;f_{cv}^{0}为混凝土抗剪强度。

4. 铆粘钢板材料要求

(1)钢板采用:Q235 钢材。

(2)结构胶力学性能应满足表 1-13 的指标。

(3)铆钉为异形加固铆钉,尺寸和强度要求,如表 1-15 和表 1-16。

异形铆钉规格尺寸 表 1-15

长度(mm)	方形截面(mm)		半圆柱(mm)		半圆锥(mm)	
	规格	长度	规格	长度	规格	长度
75	9.2×9.2	50		11	R80	25

异形铆钉强度指标 表 1-16

项目	材质	抗剪强度(MPa)	单钉在 C30 混凝土中抗剪力(kN)
指标	45 号钢	435	≥30

5. 钢筋网片材料要求

ϕ6 钢筋网片及拉结筋:HPB235 级。

ϕ10 钢筋网片及拉结筋:HPB235 级。

6. 水泥基灌浆材料要求

水泥基灌浆材料力学指标满足《水泥基灌浆材料施工技术规程》(YB/T 9261—98)规定要求,具体要求如表 1-17。

水泥基灌浆材料标准　　表 1-17

型号	竖向膨胀率(%)	抗压强度(MPa)			流动度	黏结强度(MPa)	
	1d	1d	3d	28d			
Ⅰ级	≥0.02	≥30	≥40	≥65	≥270	≥6	≥13
Ⅱ级	≥0.02	≥22	≥38	≥65	≥240	≥6	≥13
附注	水泥基灌浆材料的验收以试验室检验为标准						

7. 植筋锚固材料

植筋锚固材料力学性能,应满足表 1-18 的要求。

植筋锚固材料力学指标　　表 1-18

项目	抗压强度(MPa)	HRB335 钢筋锚固强度	HPB235 钢筋锚固强度
	3d	15d 植筋深度	15d 植筋深度
指标	≥30	≥钢筋屈服强度	≥钢筋屈服强度

8. 混凝土修补砂浆材料要求

混凝土修补砂浆力学性能指标,应满足表 1-19 要求。

混凝土修补砂浆力学性能指标　　表 1-19

项目	抗压强度(MPa)	黏结抗剪强度(MPa)	备注
指标	≥50	≥2.85	

9. 碳纤维布

碳纤维布、板为 300g/m^2 规格,主要力学性能指标,应满足表 1-20 要求。

碳纤维布、板主要力学性能指标　　表1-20

性能项目	碳纤维布	碳纤维板
抗拉强度指标值 f_{cfk}	≥3000MPa	≥2000MPa
弹性模量 E_{cf}	$\geq 2.1 \times 10^5$ MPa	$\geq 1.4\% \times 10^5$ MPa
伸长率	≥1.5%	≥1.5%

10. 环氧树脂浆液

环氧树脂浆液参考配合比见表1-21。

环氧树脂浆液参考配合比　　表1-21

主剂	增塑剂	稀释剂		固化剂
环氧树脂6101号（E-44）（g）	邻苯二甲酸二丁酯（mL）	二甲苯（或丙酮）（mL）	甲苯（mL）	乙二胺（mL）
100	25	—	—	8～10
100	10	40～60	—	8～10
100	10	40～50	—	8～10

注：施工所用材料，均按设计要求和相关施工验收规范检测复试合格后，方用到该高架桥实体上。

11. 新工艺的实施

箱梁加固工程在施工过程中采用的新材料、新技术、新工艺有：

（1）混凝土后植钢筋锚固技术；

（2）体内预应力钢绞线束施工技术；

（3）铆粘钢板施工技术；

（4）箱梁外碳纤维粘贴施工技术；

（5）箱梁外纳米硅防水材料喷涂施工技术；

（6）吊篮施工；

（7）裂缝灌浆施工技术。

第十二节　主要分项工程施工工艺

各分项工程施工工艺,见(图 1-3 ~ 图 1-7)

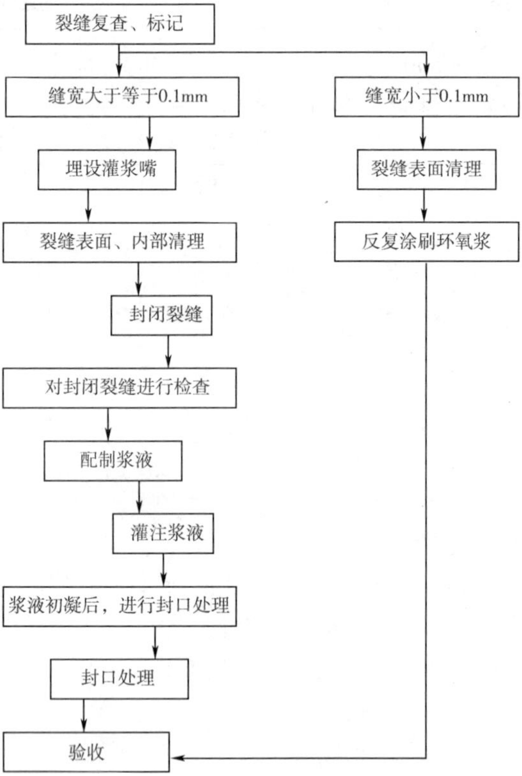

图 1-3　裂缝处理施工工艺框图

注:如果检查验收不合格均返工重做。

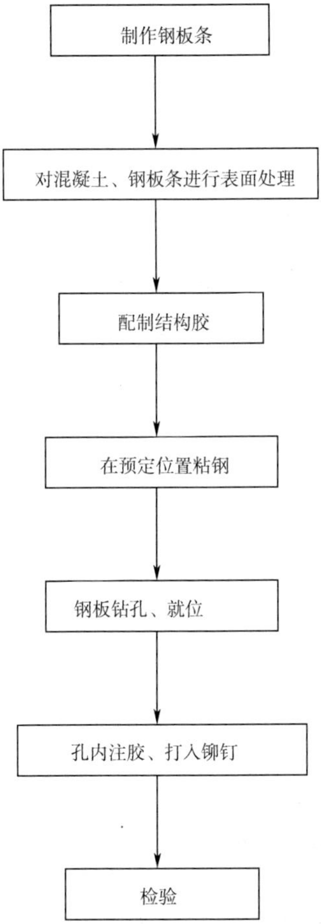

图 1-4　铆粘钢板施工工艺框图

注：如果检查验收不合格均返工重做。

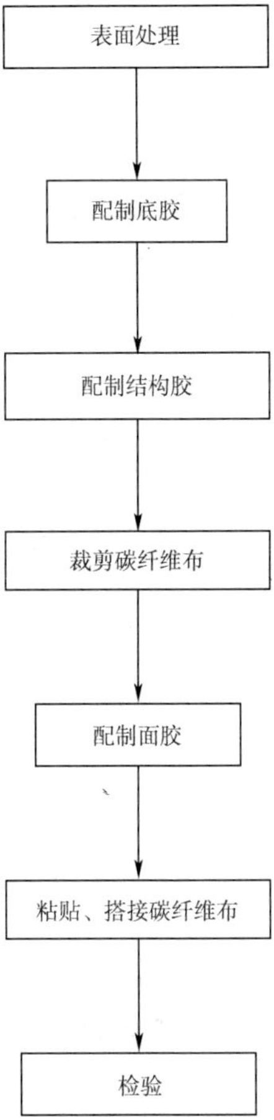

图 1-5　碳纤维粘贴工艺图

注：如果检查验收不合格均返工重做。

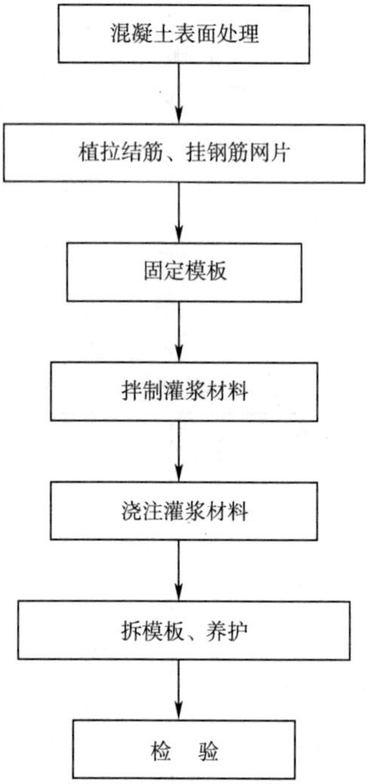

图1-6　水泥基灌浆材料施工工艺框图

注：如果检查验收不合格均返工重做。

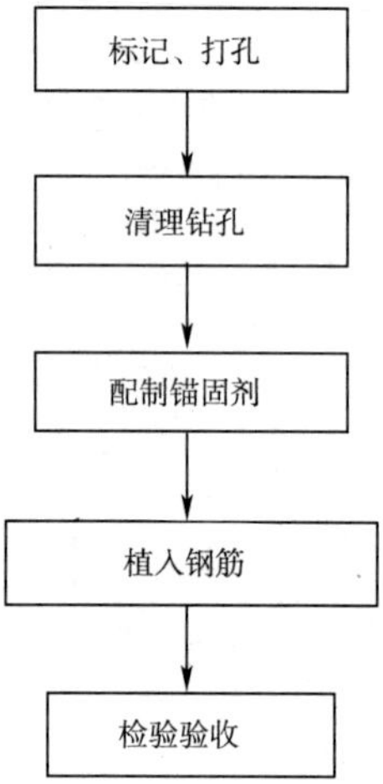

图1-7　植筋施工工艺框图

注：如果检查验收不合格均返工重做。

附录1 水泥混凝土抗压强度

水泥混凝土抗压强度汇总及评定(见附表1-1)。

附表1-1

编号	代表部位	设计强度等级	实测强度值(MPa)
01	左幅第4跨南侧西向转向板试验段	C60	73
02	左幅第4跨南侧西向转向板试验段	C60	80
03	左幅第4跨A、B、C转向板下部	C60	76.1
04	左幅第3跨A、B、C转向板下部	C60	77.3
05	左幅第2跨A、B、C转向板下部	C60	73.5
06	左幅第5跨F转E锚	C60	71.2
07	左幅第5跨F转E锚,北幅第4跨A、BC转下部	C60	69.5
08	右幅第3跨A、B、C转下部	C60	68.6
09	左幅第2、3、4跨转、锚板,右幅第2跨A、B、C转下部	C60	69
10	左幅第3跨A、B、C、D转上部,第1跨B锚	C60	71.3
11	左幅第2跨A、B、C转上部	C60	71.2
12	右幅第5跨E转、F锚,第1、2、3、4跨锚固板	C60	70.8
13	右幅第5跨E锚F转	C60	75.1
14	右幅第4跨A、B、C转上部、D转	C60	74.2
15	右幅第3跨A、B、C转上部、D转	C60	69.4
16	右幅第2跨A、B、C转上部、D转	C60	70.9

续上表

评定依据:

《JTG F80/1 -2004》附录 D. 0. 3

(1)试件大于等于 10 组时,应按数里统计法进行评定,如下条件:

$$R_n - K_1 S_n \geqslant 0.9R;$$

$$R_{min} \geqslant K_{2R}$$

(2)试件组数小于 10 组时,可用非统计方法进行评定,如下列条件:

$$R_n \geqslant 1.15R$$

$$R_{min} \geqslant 0.95R$$

上述条件中:n——同批混凝土试件组数;

R_n——同批 n 组试件强度的平均值(MPa);

S_n——为同批试件强度的标准差,当 $S_n < 0.6R$ 时,取 $S_n = 0.6R$;

R——混凝土为设计强度等级(MPa);

R_i——第 i 组混凝土的抗压强度(MPa);

R_{min}——n 组试件中强度最低一组的值(MPa);

K_1、K_2——合格判定系数,见下表

n	10~14	15~24	≥25
K_1	1.7	1.65	1.6
K_2	0.9	0.85	

计算:

$n = 16$

$R_n = 72.57$　$K_1 S_n = 5.9$　$0.9R = 54$　$R_{min} = 68.6$

$S_n = 3.6$　$K_2 R = 51$　$1.15R = 69$　$0.95R = 57$

评定:

本批混凝土强度等级为 C60,试件组数为 16 组,应按数里统计法评定:

$R_n - K_1 S_n = 66.67$(MPa) $> 0.9R = 54$(MPa);

$R_{min} = 68.6$(MPa) $> K_{2R} = 51$(MPa)

依据上述计算结果,该批混凝土试块抗压强度评定为:合格

附录2　植筋拉拔试验

植筋拉拔试验资料汇总表(见附表1-2)。

附表1-2

部位		检查数量	试验情况	试验日期 年 月 日	备注
左幅	2孔左侧转向板	拉拔16根	检测荷载 >45kN,持续3min以上,均为破坏	2005－9－22	每个转向板抽查2根,每个锚固板抽查4根
	2孔右侧转向板	拉拔16根	检测荷载 >45kN,持续3min以上,均为破坏	2005－9－22	
	2孔锚固板	拉拔16根	检测荷载 >45kN,持续3min以上,均为破坏	2005－9－22	
	3孔左侧转向板	拉拔16根	检测荷载 >45kN,持续3min以上,均为破坏	2005－9－22	
	3孔右侧转向板	拉拔16根	检测荷载 >45kN,持续3min以上,均为破坏	2005－9－22	
	3孔锚固板	拉拔16根	检测荷载 >45kN,持续3min以上,均为破坏	2005－9－22	
	4孔左侧转向板	拉拔16根	检测荷载 >45kN,持续3min以上,均为破坏	2005－9－22	
	4孔右侧转向板	拉拔16根	检测荷载 >45kN,持续3min以上,均为破坏	2005－9－22	
	4孔锚固板	拉拔12根	检测荷载 >45kN,持续3min以上,均为破坏	2005－9－22	
	5孔左侧转向板	拉拔6根	检测荷载 >45kN,持续3min以上,均为破坏	2005－9－24	
	5孔右侧转向板	拉拔6根	检测荷载 >45kN,持续3min以上,均为破坏	2005－9－24	
	5孔锚固板	拉拔8根	检测荷载 >45kN,持续3min以上,均为破坏	2005－9－24	
	1孔锚固板	拉拔8根	检测荷载 >45kN,持续3min以上,均为破坏	2005－9－24	

续上表

部位		检查数量	试验情况	试验日期 年 月 日	备注
右幅	2孔左侧转向板	拉拔16根	检测荷载>45kN,持续3min以上,均为破坏	2005-9-23	每个转向板抽查2根,每个锚固板抽查4根
	2孔右侧转向板	拉拔16根	检测荷载>45kN,持续3min以上,均为破坏	2009-9-23	
	2孔锚固板	拉拔16根	检测荷载>45kN,持续3min以上,均为破坏	2009-9-23	
	3孔左侧转向板	拉拔16根	检测荷载>45kN,持续3min以上,均为破坏	2009-9-23	
	3孔右侧转向板	拉拔16根	检测荷载>45kN,持续3min以上,均为破坏	2009-9-23	
	3孔锚固板	拉拔16根	检测荷载>45kN,持续3min以上,均为破坏	2009-9-23	
	4孔左侧转向板	拉拔16根	检测荷载>45kN,持续3min以上,均为破坏	2005-9-24	
	4孔右侧转向板	拉拔16根	检测荷载>45kN,持续3min以上,均为破坏	2005-9-24	
	4孔锚固板	拉拔12根	检测荷载>45kN,持续3min以上,均为破坏	2005-9-24	
	5孔左侧转向板	拉拔6根	检测荷载>45kN,持续3min以上,均为破坏	2005-9-24	
	5孔右侧转向板	拉拔6根	检测荷载>45kN,持续3min以上,均为破坏	2005-9-24	
	5孔锚固板	拉拔8根	检测荷载>45kN,持续3min以上,均为破坏	2005-9-24	
	1孔锚固板	拉拔8根	检测荷载>45kN,持续3min以上,均为破坏	2005-9-24	

附录3 加固工程原材料试验

加固工程原材料试验资料汇总表(见附表1-3)。

附表1-3

序号	项目	部位	试验数量、批量	试验结果
1	碳纤维黏接剂	裂缝封浆(<0.1mm裂缝)、碳纤维布黏接	1.5t	合格
2	液体灌缝胶	裂缝灌浆(≥0.1mm裂缝)	3.5t	合格
3	建筑结构胶	裂缝封闭(≥0.1mm裂缝)、钢板黏接	4.5t	合格
4	植筋锚固剂	转向板、锚固板、腹板加厚钢筋网片植筋	2.5t	合格
5	HRB400ϕ16 钢筋	转向板、锚固板、钢筋网片	45t	合格
	HRB335ϕ12 钢筋	转向板、锚固板	13t	合格
	HPB235ϕ6 钢筋	钢筋网片	10t	合格
	HPB235ϕ10 钢筋	钢筋网片	6t	合格
	钢板	铆粘网片	60t	合格
6	P.052.5 水泥	转向板、锚固板	40t	合格
	P.052.5 水泥	转向板、锚固板	80t	合格
7	砂	转向板、锚固板	400m^3	合格
	碎石	转向板、锚固板	400m^3	合格
8	Ⅰ级粉煤灰	转向板、锚固板	10t	合格
	JHY—3000 高效减水剂	转向板、锚固板	1t	合格
9	C60 配合比	转向板、锚固板	1份	合格
10	碳纤维布	箱梁外碳纤维布粘贴	1000m^2	合格
11	异型铆钉	箱梁内腹板加厚铆粘钢板	10000个	合格
12	Ⅰ级水泥基灌浆料试块	箱梁内腹板加厚	200t	合格
13	CJC—B2	箱梁外喷涂		合格
14	纳米硅防水剂	桥面防水层	2t	合格

附录4　裂缝压力试验

裂缝压力试验资料汇总表(见附表1-4)。

裂缝压力试验资料汇总表　　附表1-4

部位		检查数量	试验情况	试验日期 年　月　日	备注
箱内	右幅5孔	腹板抽查16条,顶板抽查6条	压气试验压力0.4MPa,合格	腹板2005-9-20 顶板2005-9-22	按30%抽检合格率100%
	右幅4孔	腹板抽查8条,顶板抽查4条	压气试验压力0.4MPa,合格	腹板2005-9-20 顶板2005-9-22	
	右幅3孔	腹板抽查4条,顶板抽查2条	压气试验压力0.4MPa,合格	腹板2005-9-20 顶板2005-9-22	
	右幅2孔	腹板抽查7条,顶板抽查2条	压气试验压力0.4MPa,合格	腹板2005-9-20 顶板2005-9-22	
	右幅1孔	腹板抽查9条,顶板抽查3条	压气试验压力0.4MPa,合格	腹板2005-9-20 顶板2005-9-22	
	左幅5孔	腹板抽查12条,顶板抽查4条	压气试验压力0.4MPa,合格	腹板2005-9-21 顶板2005-9-22	
	左幅4孔	腹板抽查11条,顶板抽查8条	压气试验压力0.4MPa,合格	腹板2005-9-21 顶板2005-9-22	
	左幅3孔	腹板抽查14条,顶板抽查4条	压气试验压力0.4MPa,合格	腹板2005-9-21 顶板2005-9-22	
	左幅2孔	腹板抽查20条,顶板抽查2条	压气试验压力0.4MPa,合格	腹板2005-9-21 顶板2005-9-22	
	左幅1孔	腹板抽查14条,顶板抽查2条	压气试验压力0.4MPa,合格	腹板2005-9-21 顶板2005-9-22	

续上表

部位		检查数量	试验情况	试验日期 年　月　日	备注
箱外	右幅5孔	抽查41条	压气试验压力0.4MPa，合格	2005-11-4	按30%抽检合格率100%
	右幅4孔	抽查52条	压气试验压力0.4MPa，合格	2005-11-6	
	右幅3孔	抽查35条	压气试验压力0.4MPa，合格	2005-11-8	
	右幅2孔	抽查34条	压气试验压力0.4MPa，合格	2005-11-10	
	右幅1孔	抽查17条	压气试验压力0.4MPa，合格	2005-11-12	
	左幅5孔	抽查46条	压气试验压力0.4MPa，合格	2005-11-4	
	左幅4孔	抽查48条	压气试验压力0.4MPa，合格	2005-11-6	
	左幅3孔	抽查50条	压气试验压力0.4MPa，合格	2005-11-8	
	左幅2孔	抽查30条	压气试验压力0.4MPa，合格	2005-11-10	
	左幅1孔	抽查20条	压气试验压力0.4MPa，合格	2005-11-12	
转向板、锚固板与箱梁内顶板结合处灌浆		抽查44条	压气试验压力0.4MPa，合格	2005-11-26	

附录 5 水泥基灌浆料抗压强度

水泥基灌浆料抗压强度汇总及评定(见附表 1-5)。

附表 1-5

编号	代表部位	设计强度等级	实测强度值(MPa)
01	右幅第一跨	C65	74.6
02	右幅第一跨	C65	75.5
03	右幅第二跨	C65	75.1
04	右幅第二跨	C65	72.7
05	右幅第三跨	C65	72.3
06	右幅第三跨	C65	77.4
07	右幅第四跨	C65	75.3
08	右幅第四跨	C65	70.9
09	左幅第三跨	C65	76.1
10	左幅第三跨	C65	72.1
11	左幅第四跨	C65	71.4
12	左幅第四跨	C65	68.1
13	右幅第五跨	C65	71.1
14	右幅第五跨	C65	69.2
15	左幅第二跨	C65	68.9
16	左幅第二跨	C65	70
17	左幅第五跨	C65	70.9
18	左幅第五跨	C65	70.5
19	左幅第一跨	C60	69.4
20	左幅第一跨	C60	71.2

续上表

评定依据：

《JTG F80/1－2004》附录 D. 0. 3

(1)试件大于等于 10 组时，应按数里统计法进行评定，如下条件：

$$R_n - K_1 S_n \geq 0.9R$$

$$R_{min} \geq K_2 R$$

(2)试件组数小于 10 组时，可用非统计方法进行评定，如下列条件：

$$R_n \geq 1.15R$$

$$R_{min} \geq 0.95R$$

上述条件中：n——同批混凝土试件组数；

R_n——同批 n 组试件强度的平均值(MPa)；

S_n——为同批试件强度的标准差，当 $S_n < 0.6R$ 时，取 $S_n = 0.6R$；

R——混凝土为设计强度等级(MPa)；

R_i——第 i 组混凝土的抗压强度(MPa)；

R_{min}——n 组试件中强度最低一组的值(MPa)

K_1、K_2——合格判定系数，见下表

n	10～14	15～24	≥25
K_1	1.7	1.65	1.6
K_2	0.9	0.85	

计算：

$n = 16$

$R_n = 72.57$　　$K_1 S_n = 5.9$　　$0.9R = 54$　　$R_{min} = 68.6$

$S_n = 3.6$　　$K_2 R = 51$　　$1.15R = 69$　　$0.95R = 57$

评定：

本批混凝土强度等级为 C60，试件组数为 16 组，应按数里统计法评定：

$R_n - K_1 S_n = 66.67$(MPa) $> 0.9R = 54$(MPa)

$R_{min} = 68.6$(MPa) $> K_2 R = 51$(MPa)

依据上述计算结果，该批混凝土试块抗压强度评定为：合格

附录6　施工过程

施工过程照片(附图1-1～附图1-14)。

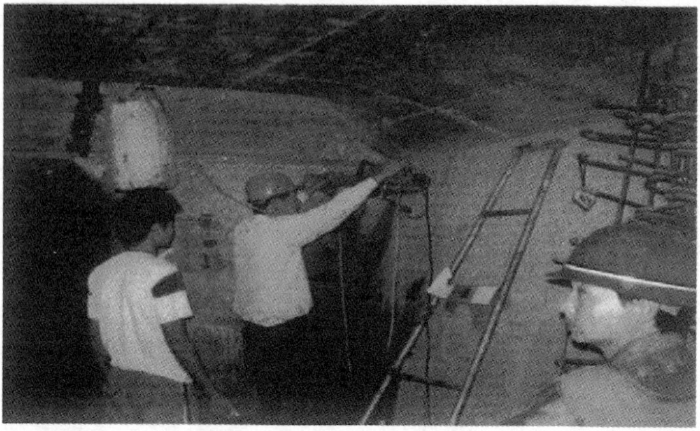

附图1-1　中间横隔板处水钻钻孔

附图1-2　箱梁裂缝调查

附图 1-3　裂缝灌浆嘴埋设施工

附图 1-4　裂缝灌浆施工

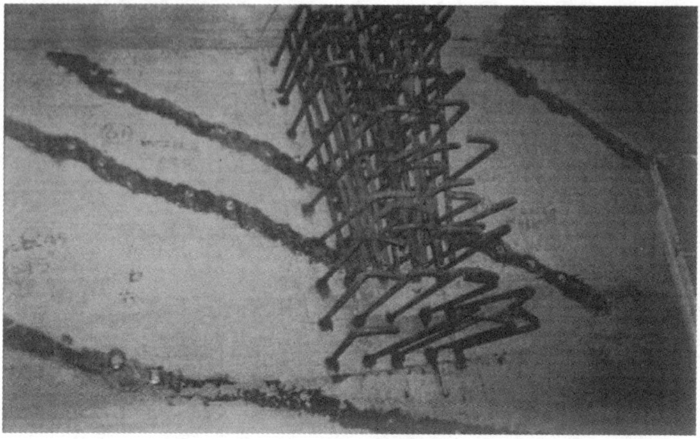

附图 1-5　箱梁内植筋

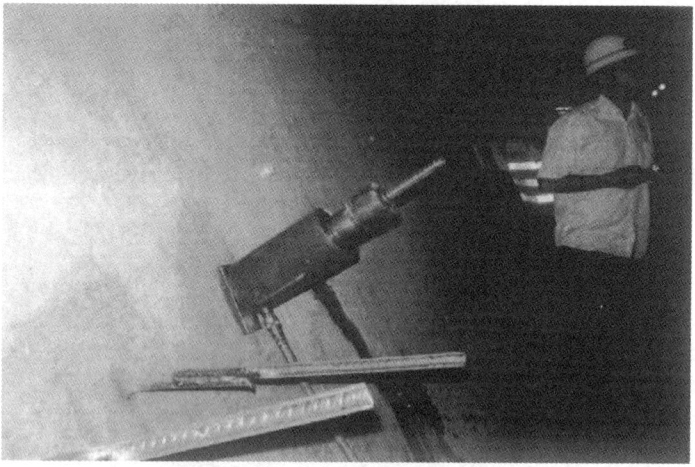

附图 1-6　植筋拉拔试验

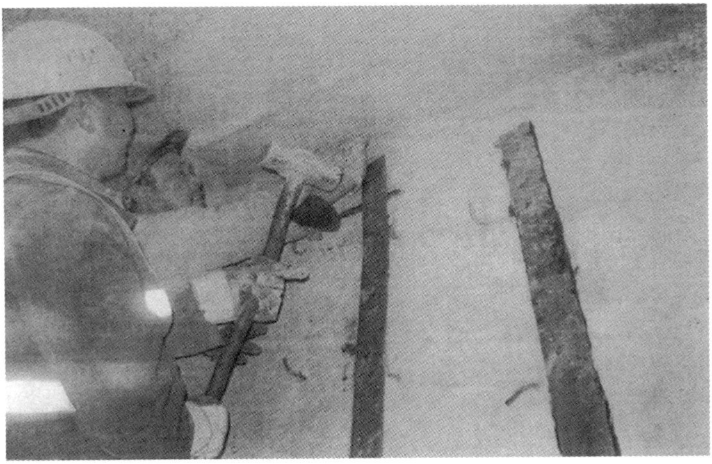

附图 1-7　粘贴钢板施工

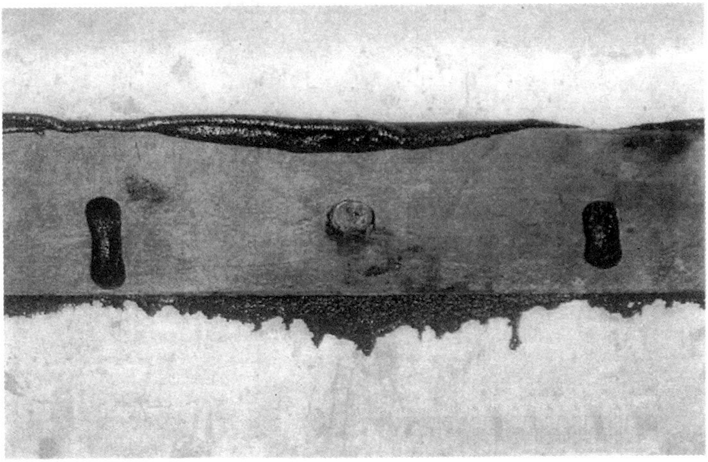

附图 1-8　钢板粘贴施工

附图 1-9　钢绞线穿索施工

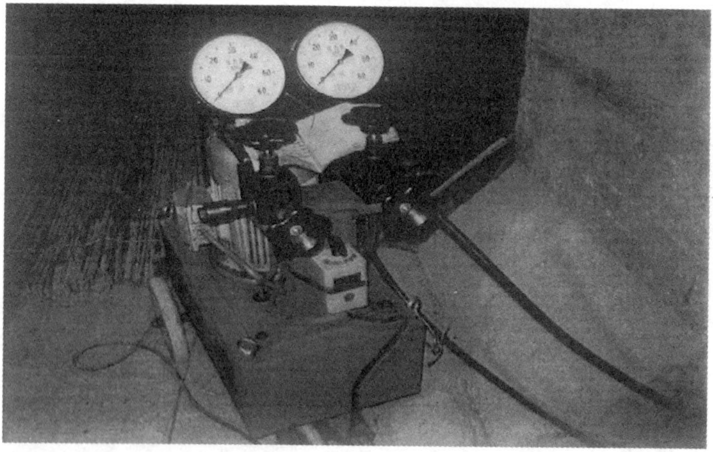

附图 1-10　预应力张拉设备

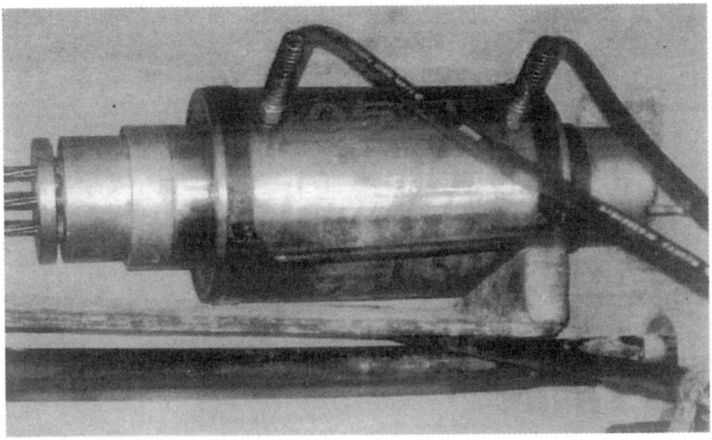

附图 1-11　预应力张拉施工

附图 1-12　腹板加厚模板安装及灌浆施工

附图 1-13　碳纤维布裁剪施工

附图 1-14　碳纤维布粘贴施工

第二章　中承式拱桥检测实例

近几年来,我国利用钢缆索修建大跨径桥梁的实例已经不少,钢缆索是这些桥梁关键重要的承重构件。如何对钢缆索进行检测、维护,是当前保障此类桥梁安全急需解决的问题之一。特别是在四川省同类桥梁倒塌之后,更引起交通部门专家的高度重视,对钢缆索的防水、防锈是关键中的关键。从目前该类桥梁使用情况看,钢缆拉索由于当初对防水、防锈注意不够,在使用很短时间内就重新更换的事例已有发生。因此,为桥梁定性、养护维修提供科学依据对类似桥梁进行检测尤为重要。

第一节　大桥概况

该桥由主桥和两侧引桥组成。主桥结构为中承式钢筋混凝土拱桥,矢高33.6m,矢跨比为1∶5,拱轴线为二次抛物线形式;拱桥由上下游肋通过拱间联系梁连接而成,拱肋为箱形截面,拱肋高为3.5m,宽为1.5m;桥面支撑在桥面横梁上,桥面横梁通过吊杆和拱肋相连。吊杆采用60ϕ7 平行钢丝束,热挤高密聚乙烯防护,冷铸墩头锚,桥上吊杆间距为5m,桥上横梁为T悬臂简支结构,主桥全长175m,主跨全长168m,桥面厚度28cm,桥面宽度 29.5m[1.75m(人行道)+3.5m(慢车道)+1.5m(隔离栅)+16m(行车道)+1.5m(隔离栅)+3.5m(慢车道)+1.75m(人行道)],车道、人行道为1.5%双向横坡,设计载荷为汽车-超20级,挂车-120级,人群荷载3.5kN/m^2。

桥梁经过近10年的运行,部分锚头出现了锈蚀,桥面各横梁多处出现不同程度的裂缝。同时,当车辆通过大桥时,桥梁振动反应明显。鉴于上述情况,需对该桥损伤情况、承载力等进行了一次全面的检测,为桥梁的维修养护和安全运行提供科学依据。

第二节　检测评定的目的、依据和标准

1. 检测评定的目的

对桥梁的技术状况、缺陷和损伤程度进行全面、细致、深入地现场调查检测,检测出所用工程材料参数;通过荷载试验,测定结构的静态位移、静态应变,了解结构的实际工作状态,确定其使用条件和注意事项;对桥梁的实际承载能力、安全状况进行评估,为今后的维修养护提供准确翔实的技术资料。

2. 检测评定依据和技术标准

(1)《公路桥涵设计通用规范》(JTG D60-2004);

(2)《公路钢筋混凝土及预应力混凝土桥涵设计规范》(JTG D62-2004);

(3)《公路旧桥承载能力鉴定方法》(交通部标准,1988);

(4)《公路桥涵施工技术规范》(JTJ 041-2000);

(5)《公路工程技术标准》(JTG B01-2003);

(6)《公路工程质量检验评定标准》(JTG F80/1 – 2004)；

(7)《钻芯法检测混凝土强度技术标准》(CECS03:1988)；

(8)《普通混凝土力学性能试验方法》(GB/T 50081 – 2002)；

(9)《混凝土结构试验方法标准》(GB 50152 – 92)；

(10)《建筑结构检测技术标准》(GB/T 50344 – 2004)；

(11)《工程测量规程》(GB 50026 – 93)。

第三节　检测评定使用的仪器设备

本次检测所使用的仪器设备，均通过有关计量部门检测鉴定，技术指标符合相关技术标准和规程、规范的要求(见表2-1)。

检测所用仪器设备一览表　　表2-1

仪器设备名称	规格、型号
声发射仪	AE21C
电脑伺服控制材料试验机	HT – 9501
裂缝观测仪	SW – LW – 101
静态电阻应变仪	DH3815
机电百分表	WD – 30
精密数字水准仪	TOPCON DL – 101C
全站仪	TOPCON GTS – 722SOKKIA SET210
智能信号采集和处理分析系统	INV – 306C(北京东方)
索力测试仪	IFM – 168
混凝土钻孔取芯机	ZH – 15

第四节 检测内容

根据桥梁检测评定的相关技术标准、规程和规范，本次检测的具体内容包括以下几个方面。

1. 桥梁的基本现状检测

（1）桥梁现状的普查与量测

对桥梁的主要部件拱肋、吊杆等进行缺损状况的普查。调查了解桥梁的营运状况，对桥梁存在的缺陷和病害进行仔细的观测和检查。检查主要受力构件的挠度和位移；裂缝宽度、深度、分布情况以及发展趋势；吊杆锚头锈蚀情况检查；吊杆检查。

（2）桥梁结构混凝土强度检测

依据相关的国家现行检测规范标准，采取局部破损法（取芯法），对混凝土强度进行检测评定。分析混凝土强度对桥承载能力、构件的抗裂性能、刚度以及抗渗性、耐磨性等耐久性的影响。

（3）定量测定结构混凝土损伤

采用声发射方法，定量测定结构混凝土损伤，推测混凝土受力历史，以便对混凝土内部缺陷有较为全面的了解。

（4）吊杆内力检测

测试吊杆在随机车流及部分荷载工况的内力，分析各吊杆内力分布情况及荷载作用下的内力变化情况。

（5）量测全桥的线形和高程

主要量测拱肋线形以及桥面高程，了解桥梁的高程和线形状况，对比设计要求，分析上部结构是否有较大的损伤和变形。对比设计施工资料，基本判断桥梁设计施工水准和质量。

2. 桥梁荷载试验及有限元分析

在全面了解桥梁现状的基础上，结合有关的桥梁结构试验的标准、规范和规程确定荷载试验方案。通过原设计图纸，建立桥的有限元模型，比较各种荷载工况下，桥梁的设计工作状况和实际工作状况。

(1)拱肋各控制截面的应力、应变测试及分析

取拱肋的跨中截面，3/8 拱截面，1/4 拱截面和拱脚作为内力检测的控制截面。使得各控制截面在各种荷载工况分别处于最大正弯矩或最大负弯矩的状态。在这些主要部位截面布置相应的应变力，测试各种荷载下的混凝土的应变，并与计算结果进行比较分析。

(2)拱肋各测点挠度测试及分析

在荷载加载稳定情况下，观测对称荷载及偏载下拱肋各测点的挠度，并与计算结果进行比较分析。

3. 桥梁结构的损伤定位

通过引入静态位移曲率置信因子，确定桥梁的损伤部位。

第五节　桥梁现状普查量测及基本参数检测

1. 吊杆上、下锚头检测

将吊杆从南到北依次编号(吊杆编号如图 2-1 所示)，对各吊杆锚头进行检测。

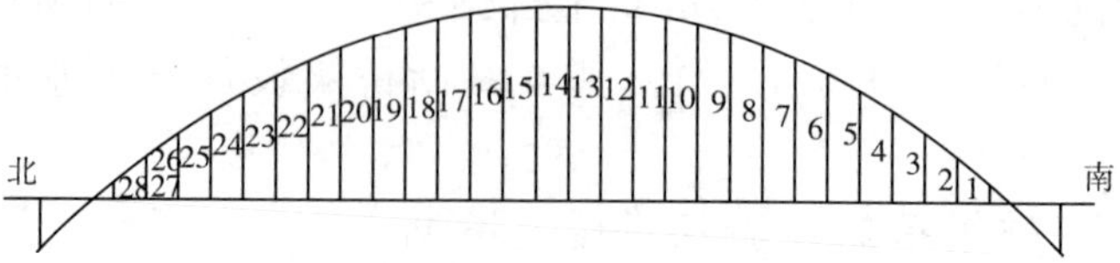

图 2-1　吊杆编号

(1)吊杆上锚头检测

上游拱肋第 1、2、3、11、12、15、16、17、19、20、23、24、25、26、27、28 号吊杆上锚头的锚杯外侧发生了中度锈蚀情况,其余锚杯外侧轻度锈蚀。第 16、20、23 号吊杆上锚头的锚杯内侧,发生了中度锈蚀,第 1、2、3、15、17、19、22、25、26、27、28 号吊杆上锚头的锚杯内侧发生了轻度锈蚀,其余吊杆上锚头的锚杯内侧无锈蚀,所有锚头锚杯内部的锚固板及墩头完好。

下游拱肋第 1、2、3、4、5、6、7、8、10、11、12、13、14、16、18、19、20、23、24、25、26、27 号吊杆上锚头的锚杯外侧,发生了中度锈蚀情况,其余锚杯外侧轻度锈蚀。第 13、14、15、18、20、23 号吊杆上锚头的锚杯内侧,发生了中度锈蚀,第 1、2、3、4、5、6、7、8、10、11、12、14、16、17、18、19、20、21、23、25、26、27、28 号吊杆上锚头的锚杯内侧发生了轻度锈蚀,其余吊杆上锚固的锚杯内侧无锈蚀,所有锚头锚杯内部的锚固板及墩头完好。

(2)吊杆下锚头检测

上游拱肋第 1、2、4、5、6、7、8、12、14、15、16、17、18、19、20、21、23、25、26、27、28 号吊杆下锚头梁底钢板发生了中度锈蚀,其余下锚头梁底钢板发生了轻度锈蚀。上游拱肋第 6、7、12 号吊杆下锚头发生了严重锈蚀,其余吊杆下锚头为中度锈蚀。上游拱肋第 3、13、22、23、26、27 号吊杆下锚头锚环内腔发生了中度锈蚀,第 2、4、5、8、9、10、12、14、17、18、28 号吊杆下锚头锚环内腔发生了轻度锈蚀，其余上游拱肋吊杆下锚头锚环内腔无锈蚀。

下游拱肋第5号吊杆下锚头梁底钢板发生了严重锈蚀，第1、2、3、4、6、7、8、10、11、13、17、18、19、20、21、22、23、24、25、26、27、28号吊杆下锚头梁底钢板发生了中度锈蚀，其余下游拱肋吊杆下锚头梁底钢板发生了轻度锈蚀。下游拱肋第3、4、6、8号吊杆下锚头发生了严重锈蚀，其余吊杆下锚头为中度锈蚀。下游拱肋第7、12、14、18、20、21、22、27号吊杆下锚头锚环内腔发生了中度锈蚀，第1、2、3、4、5、6、8、11、15、16号吊杆下锚头锚环内腔发生了轻度锈蚀，其余下游拱肋锚头锚环内腔无锈蚀。

2. 吊杆及桥面护筒检测

上游除第19号吊杆有一处发生鼓包现象外，其余吊杆均完好无损。各吊杆护筒内部均有轻度锈蚀情况。第10、14号吊杆护筒内的PE有部分损伤，已伤及钢丝；第1、2、8、9、12、13号吊杆护筒内的PE也有部分损伤，但没有伤及钢丝；其余护筒内吊杆完好无损。上游第28号吊杆保护管无法上移，没进行检测。

下游第12、17、18、19、20、24、26、27号吊杆PE有破损情况，其余吊杆完好。第20号吊杆护筒内严重锈蚀，第8、14号吊杆护筒内右中度锈蚀的情况，其余吊杆护筒内部为轻度锈蚀。第1、2、3、6、7、8、10、12、14、15、23号吊杆护筒内的PE有部分损伤，但没有伤及钢丝，其余护筒内吊杆完好无损。

3. 横梁裂缝检测

桥面各横梁均有裂缝发生，各横梁的裂缝情况见表2-2。

横梁裂缝情况统计表 表 2-2

横梁编号	裂缝条数	裂缝最大宽度(mm)
1	52	0. 3
2	67	0. 3
3	62	0. 3
4	56	0. 3
5	58	0. 4
6	51	0. 25
7	58	0. 3
8	57	0. 25
9	41	0. 3
10	51	0. 25
11	64	0. 3
12	68	0. 3
13	42	0. 3
14	56	0. 25
15	78	0. 3
16	71	0. 4
17	64	0. 3
18	69	0. 3
19	50	0. 4
20	41	0. 3
21	45	0. 25
22	40	0. 35
23	41	0. 25
24	34	0. 3

续上表

横梁编号	裂缝条数	裂缝最大宽度(mm)
25	41	0.25
26	57	0.2
27	56	0.2
28	51	0.2

4. 拱轴线形和桥面高程测量

拱轴线形和桥面高程的测量采用全站仪、水准仪和经纬仪进行。

(1)拱轴线形测量

拱轴线的测点位置位于拱轴与吊杆相交处,依吊杆位置由南向北进行编号,基准点位于2号吊杆与桥面的交接处,所测量的高程如表2-3所示,拱轴线形如图2-2和图2-3所示。

上、下游拱轴各点高程(m)　　表2-3

测点编号		高程(m)	测点编号		高程(m)
上游	1	1.939	下游	1	1.926
	2	5.037		2	4.989
	3	7.845		3	7.859
	4	10.481		4	10.438
	5	12.842		5	12.777
	6	14.993		6	14.920
	7	16.842		7	16.818
	8	18.530		8	18.514
	9	19.956		9	19.923
	10	21.139		10	21.081

续上表

测点编号		高程(m)	测点编号		高程(m)
上游	11	22.059	下游	11	22.037
	12	22.825		12	22.765
	13	23.233		13	23.237
	14	23.492		14	23.469
	15	23.464		15	23.451
	16	23.248		16	23.218
	17	22.796		17	22.779
	18	22.042		18	22.030
	19	21.132		19	21.110
	20	19.936		20	19.953
	21	18.548		21	18.521
	22	16.884		22	16.874
	23	14.959		23	14.916
	24	12.854		24	12.793
	25	10.505		25	10.483
	26	7.881		26	7.817
	27	5.026		27	4.978
	28	1.944		28	1.928

桥面高程见表2-4。

桥　面　高　程　　表2-4

测点编号		高程(m)	测点编号		高程(m)
上游	1		下游	2	
	2	0		3	0
	3	+5.1		4	+13.6

续上表

测点编号		高程(m)	测点编号		高程(m)
上游	4	-1.1	下游	5	-1.7
	5	+2.6		6	-28.7
	6	-24.9		7	-32.5
	7	-31.4		8	-41.6
	8	-47.3		9	-44.3
	9	-67.6		10	-57.5
	10	-74.7		11	-62.5
	11	-66.1		12	-73.5
	12	-83.6		13	-69.0
	13	-91.4		14	-90.7
	14	-85.9		15	-105.2
	15	-78.7		16	-95.5
	16	-94.1		17	-95.3
	17	-80		18	-88.5
	18	-88.5		19	-81.3
	19	-81.4		20	-65.2
	20	-85.5		21	-68.3
	21	-56.2		22	-71.6
	22	-32.6		23	-52.6
	23	-14.6		24	-20.8
	24	-9.9		25	-9.5
	25	-15		26	+6.3
	26	+9.8		27	+19.7
	27	+9.0		28	+18
	28				

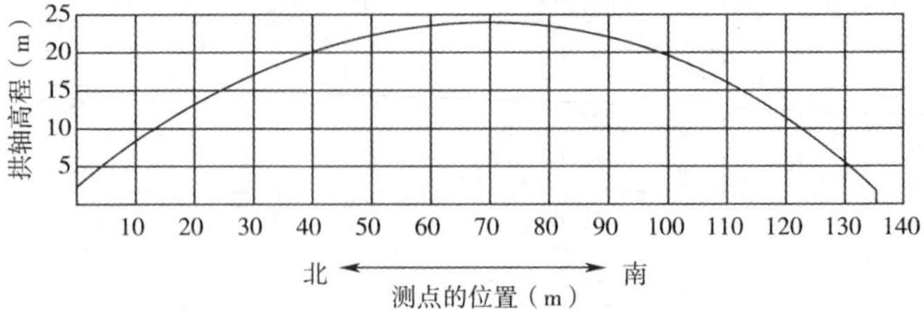

图 2-2　上游拱轴线形

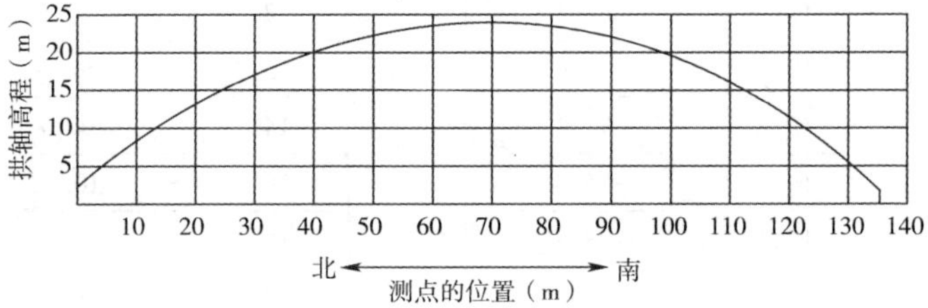

图 2-3　下游拱轴线形

（2）桥面整体线形

桥面整体线形见图 2-4。

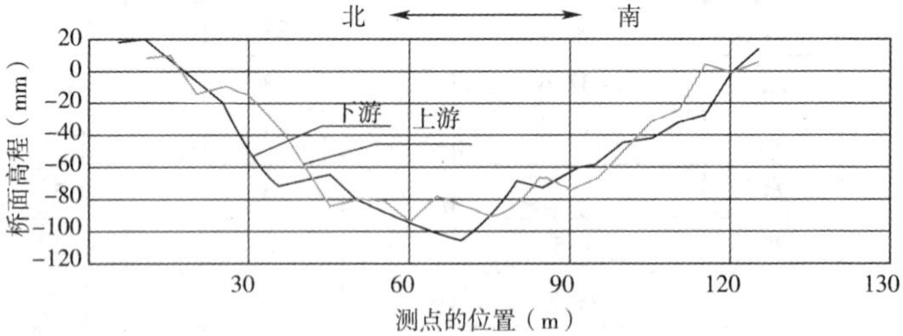

图 2-4　下游桥面线形

5. 钻芯检测混凝土强度及弹性模量

通过在桥上钻取芯样，用压力机测试混凝土强度。依照中国工程建设标准化委员会颁布的《钻芯法检测混凝土强度技术规程》(CECS03－1988)，规定标准试件直径分别为150mm和100mm，但是由于该桥钢筋密度大，按标准取样极为困难，所以根据《钻芯法检测混凝土强度技术规程》的3.0.4条规定“钻取的芯样直径一般不宜小于骨料最大粒径的3倍，在任何情况下不得小于骨料最大粒径的2倍”，选用直径70mm的小芯样。

1)测试设备

测试使用台湾弘达仪器股份有限公司生产的HT－9501型电脑伺服油压万能材料试验机，该设备采用电脑控制油压伺服系统，具有加载能力高，控制精度高的特性，可以广泛应用于金属、混凝土的测试，电脑可以自动记录所有测试历程并加以分析得到最佳的测试数据。

2)测试方法

加载方式可以分为定速度、定位移、定加载速率和定荷重四种方式，测试采用定加载速率的方式进行。因混凝土设计强度大于C30，加载速率取0.6MPa/s。应变测量采用压力机提供的自动应力—应变曲线测量系统。

3)测试结果

(1)混凝土强度

依照《钻芯法检测混凝土强度技术规程》，芯样试件的混凝土强度换算值应按下列公式计算：

$$f_{cu} = \frac{4F}{\alpha \pi d^2} \tag{2-1}$$

式中：f_{cu}——芯样试件混凝土强度换算值（MPa），精确至0.1MPa；

F——芯样试件抗压试验测得的最大力(N)；

d——芯样试件的平均直径(mm)；

α——不同高径比的芯样试件混凝土强度换算系数，按表2-5采用，在两数之间的可插值使用。

高径比 α 取值系数表 表2-5

高径比(h/d)	1.0	1.1	1.2	1.3	1.4	1.5	1.6	1.7	1.8	1.9	2.0
系数(α)	1.00	1.04	1.07	1.10	1.13	1.15	1.17	1.19	1.21	1.22	1.24

混凝土立方体抗压强度 f_{cu} 计算结果见表2-6。

混凝土立方体抗压强度计算值 表2-6

名称	直径(mm)	高度(mm)	极限应力(kN)	修正系数(α)	强度 f_{cu}(MPa)
芯样1	70	70	316.775	1	82.4
芯样2	70	75	304.016	1.028	81.3
芯样3	70	75	286.915	1.028	76.7
芯样4	70	75	271.009	1.028	72.4

(2)混凝土弹性模量

从压力机中得到不同芯样的应力—应变数值列于表2-7～表2-10中，并依据表中数据。分别绘制芯样应力—应变曲线(图2-5)。混凝土弹性模量计算表见表2-11。

芯样1的应力—应变数据　　表2-7

应变(%)	平均应力(MPa)	应力上限(MPa)	应力下限(MPa)
0.0000	0	0	0
0.0006	0.271	0.542	0.000
0.0024	1.070	1.528	0.611
0.0054	2.460	3.328	1.592
0.0104	4.715	6.033	3.397
0.0171	7.713	9.325	6.101
0.0244	11.049	12.717	9.381
0.0320	14.488	16.175	12.801
0.0398	18.001	19.697	16.305
0.0475	21.480	23.316	19.644
0.0556	25.138	26.944	23.331
0.0640	28.989	30.835	27.143
0.0729	32.938	34.879	30.996
0.0817	36.999	38.971	35.027
0.0904	41.081	43.025	39.137
0.0992	45.105	47.041	43.168
0.1080	49.028	50.927	47.128
0.1167	53.001	54.894	51.108
0.1255	56.973	59.017	54.928
0.1344	61.018	62.992	59.043
0.1432	64.857	66.667	63.046
0.1520	68.638	70.395	66.881
0.1607	72.012	73.619	70.405
0.1695	75.291	76.860	73.721
0.1783	78.267	79.600	76.934
0.1870	80.685	81.673	79.697
0.1960	82.026	82.259	81.793
0.2047	82.228	82.312	82.144
0.2223	81.892	81.892	81.892

芯样2的应力—应变数据　　表2-8

应变(%)	平均应力(MPa)	应力上限(MPa)	应力下限(MPa)
0.0000	0	0	0
0.0009	0.418	0.835	0.000
0.0038	1.767	2.605	0.929
0.0087	4.024	5.368	2.679
0.0151	7.006	8.582	5.429
0.0224	10.396	12.147	8.645
0.0299	13.854	15.490	12.218
0.0376	17.434	19.216	15.651
0.0456	21.146	23.038	19.254
0.0543	24.987	26.982	22.992
0.0633	29.248	31.352	27.143
0.0723	33.606	35.694	31.518
0.0814	37.935	40.028	35.842
0.0904	42.106	44.095	40.117
0.0994	46.205	48.144	44.265
0.1085	50.250	52.188	48.312
0.1175	54.274	56.224	52.323
0.1265	58.431	60.441	56.420
0.1357	62.399	64.250	60.548
0.1446	66.167	67.960	64.373
0.1536	69.711	71.350	68.072
0.1628	73.050	74.676	71.424
0.1718	76.150	77.561	74.739
0.1807	78.413	79.150	77.675
0.1899	79.139	79.139	79.139

芯样3的应力—应变数据 表2-9

应变(%)	平均应力(MPa)	应力上限(MPa)	应力下限(MPa)
0	0	0	0
0.0003	0.105	0.209	0.000
0.0017	0.740	1.222	0.257
0.0048	2.081	2.878	1.283
0.0098	4.276	5.597	2.954
0.0164	7.192	8.737	5.646
0.0237	10.384	11.974	8.793
0.0310	13.629	15.233	12.024
0.0383	16.832	18.398	15.266
0.0457	20.312	22.024	18.599
0.0544	23.866	25.663	22.068
0.0631	27.588	29.422	25.753
0.0720	31.442	33.415	29.468
0.0807	35.427	37.321	33.532
0.0893	39.229	41.177	37.280
0.0982	43.149	45.017	41.281
0.1069	47.068	48.974	45.162
0.1156	51.033	52.985	49.081
0.1244	54.968	56.962	52.974
0.1331	59.077	61.029	57.125
0.1418	62.868	64.691	61.044
0.1507	66.446	68.103	64.789
0.1593	69.669	71.136	68.202
0.1680	72.431	73.598	71.263
0.1769	74.112	74.546	73.677

芯样4的应力—应变数据 表2-10

应变(%)	平均应力(MPa)	应力上限(MPa)	应力下限(MPa)
0	0	0	0
0.0003	0.158	0.316	0.000
0.0009	0.395	0.420	0.369
0.0015	0.679	0.848	0.509
0.0031	1.415	1.833	0.996
0.0062	2.789	3.682	1.895
0.0110	4.961	6.180	3.741
0.0173	7.798	9.343	6.252
0.0250	11.243	13.081	9.404
0.0339	15.087	17.031	13.142
0.0421	18.923	20.744	17.102
0.0502	22.711	24.535	20.886
0.0585	26.472	28.238	24.706
0.0667	30.194	31.979	28.409
0.0748	33.752	35.564	31.940
0.0831	37.410	39.167	35.653
0.0913	40.954	42.732	39.175
0.0994	44.554	46.229	42.878
0.1078	48.025	49.751	46.298
0.1159	51.485	53.196	49.773
0.1241	54.886	56.616	53.155
0.1324	58.223	59.891	56.555
0.1405	61.499	63.000	59.998
0.1487	64.469	65.806	63.132
0.1570	67.081	68.299	65.862
0.1651	69.205	70.000	68.409
0.1733	70.255	70.466	70.043
0.1816	70.420	70.420	70.420

混凝土弹性模量计算表　　表 2-11

试件	芯样 1	芯样 2	芯样 3	芯样 4
f_{cu}(N/mm^2)	82. 35	81. 33	76. 68	72. 42
$f_{cu,0.4}$(N/mm^2)	32. 94	32. 53	30. 67	28. 97
系数 $0.88\alpha_1\alpha_2$	0. 82	0. 82	0. 81	0. 80
f_c(N/mm^2)	67. 53	66. 69	62. 11	57. 94
$f_{c,0.4}$(N/mm^2)	27. 01	26. 68	24. 84	23. 17
ε_P(%)	0. 2047	0. 1899	0. 1769	0. 1816
$\varepsilon_{0.4}$(%)	0. 0727	0. 0683	0. 0679	0. 0622
E_0($10^4N/mm^2$)	3. 72	3. 91	3. 66	3. 73
E_P($10^4N/mm^2$)	3. 30	3. 51	3. 51	3. 19

注：表中 f_{cu}、$f_{cu,0.4}$ 分别为立方体抗压强度和 40% 立方体抗压强度，f_c、$f_{c,0.4}$ 分别为轴心抗压强度和 40% 轴心抗压强度，ε_P、$\varepsilon_{0.4}$ 分别为 f_c 和 f_{cu} 对应的应变，E_0、E_P 分别为混凝土芯样的初始弹性模量和破坏时的割线弹性模量。

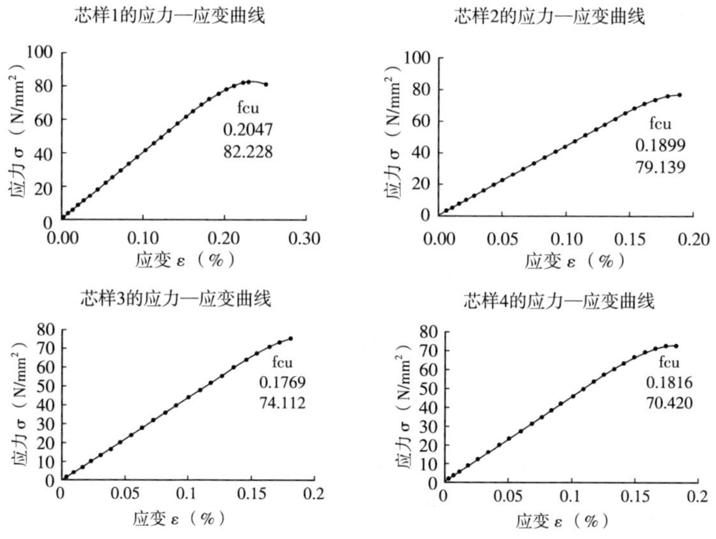

图 2-5　混凝土芯样应力—应变曲线

根据《普通混凝土力学性能试验方法》(GB/T 50081－2002)规定,混凝土弹性模量是指应力为轴心抗压强度40%时的加载割线模量。试验中所测得的是混凝土立方体抗压强度,所以必须按公式(2-2)将立方体抗压强度换算为轴心抗压强度。

$$f_{ck} = 0.88\alpha_1\alpha_2 f_{cuk} \tag{2-2}$$

表2-11列出了依据公式(2-2)得到的弹性模量计算值。

(3)结果分析

从图2-5给出混凝土的应力—应变曲线来看,混凝土强度很高,从混凝土试压开始直到破坏,曲线基本表现呈线性性质,这一点与高强度混凝土的特性是相吻合的。由于是直径为70mm的芯样,加压得出的结果可能会有所偏差。试验中,从芯样压碎时候发出的巨大爆裂声,也可以反映出芯样的混凝土强度相当高。

6. 声发射检测混凝土损伤

1)声发射检测混凝土损伤原理

(1)声发射速率过程理论

混凝土临界裂缝的存在状态是与在压力作用下的声发射活性紧密联系的,相对应力水平 $V(\%)$ 到 $V+\mathrm{d}V(\%)$ 这一过程中产生声发射事件的概率密度函数 $f(V)$ 可以表示为:

$$f(v)\,\mathrm{d}V = \frac{\mathrm{d}N}{N} \tag{2-3}$$

式中:N——自初始状态到应力水平 $V(\%)$ 时,所产生的声发射事件总数。

方程(2-3)是关于声发射速率过程($\mathrm{d}N/\mathrm{d}V$)的控制方程,它表明声发射变化率 $\mathrm{d}N/\mathrm{d}V$ 不仅与概率密度函数 $f(v)$ 有关,而且

与到相对应力水平 $V(\%)$ 时的声发射事件累积数量 N 有关。$f(V)$ 可以近似用双曲线函数表示：

$$f(V) = a/V + b \tag{2-4}$$

式中：a、b——试验参数。

将方程(2-4)代入式(2-3)得到应力水平 $V(\%)$ 和声发射事件总数量 N 的关系：

$$N = cV^{a}\exp(bV) \tag{2-5}$$

式中：c 是积分常数。

方程(2-5)中的参数 a,b,c 可通过测量混凝土试件在不同应力水平 $V(\%)$ 时的声发射事件数 N 拟合得到，统称为声发射试验参数或特征参数。其中，a 为声发射速率参数，a 值的大小反映材料内部含有裂纹的多少。$a>0$ 表明在较低应力水平下也有较高的声发射率，且随着荷载的增加，声发射率呈下降趋势，这与材料含有大量裂隙的情况相吻合；$a<0$ 表明在较低的应力水平下声发射率很低，这与不包含或包含少量裂隙的混凝土材料的声发射性能相对应。

(2)损伤因子

依据损伤力学基本理论，材料的损伤可以用标量参数 D 表示：

$$D = 1 - E/E^{*} \tag{2-6}$$

式中：E^{*}——材料没有损伤时的弹性模量；

　　E——材料在损伤状况时的弹性模量。

根据方程(2-6)，混凝土材料在单轴受压时初始时刻的损伤 D_0 与对应的弹性模量 E_0 的关系，以及在极限应力状态下的损伤

D_p与弹性模量E_P的关系可表示为：

$$D_0 = 1 - E_0/E^* \tag{2-7}$$

$$D_P = 1 - E_P/E^* \tag{2-8}$$

$$D_P - D_0 = (E_0 - E_P)/E^* \tag{2-9}$$

(3)声发射特征参数与混凝土损伤大小间的关系

由于混凝土损伤变化量与裂缝扩展总量成正比，同时裂缝扩展总量与声发射事件大小是成正比的。因此，根据式(2-5)，损伤变化量可表示为声发射特征参数a,b,c的函数：

$$D_P - D_0 = \mathrm{f}(a,b,c) \tag{2-10}$$

可以假设混凝土材料损伤的变化量与a呈线性关系，即：

$$E_0 - E_P = E(D_P - D_0) = Xa + Y \tag{2-11}$$

式中：X、Y——常数。

E_0和E_P分别表示为混凝土材料在单轴受压时初始时刻的切线模量与极限应力状态下的割线模量，可以通过试验获得；声发射速率参数a可通过方程(2-5)获得；依据不同混凝土试件的弹性模量变化值($E_0 - E_P$)与声发射速率参数a间的关系，经过拟合得到参数X与Y。

由于声发射速率a的变化是与混凝土损伤变化紧密联系的，因此，对于在初始时刻没有损伤的混凝土，$E_0 = E$且$a = 0$，将其代入式(2-11)得混凝土在无损伤状态时的弹性模量：

$$E = E_P + Y \tag{2-12}$$

将方程(2-12)代入方程(2-7)得混凝土材料在初始时刻的损伤：

$$D_0 = 1 - E_0/E = 1 - E_0/E_P + Y \qquad (2\text{-}13)$$

（4）依据声发射 Kaiser 和 Felicity 效应判别混凝土的受力历史

对材料进行重复加载和卸载试验时，只有荷载达到先前所受的最大荷载时，才有明显的声发射产生，材料的这种“记忆”现象称为 Kaiser 效应。Kaiser 相应的发现为了解材料结构受力历史与损伤状况提供了新的方法。混凝土材料出现有效声发射的判别条件为：

a. 当荷载增加时，声发射信号是连续的，即连续性准则；

b. 在荷载增加 10% 的过程中，声发射事件计数多于 10 个，即试件计数增加准则。

按照 Kaiser 效应的严格定义，只有材料受载时的应力超过上一循环最大主应力时也会出现有效声发射。实际上，如果材料存在缺陷，在未达到上一循环最大主应力时也会出现有效声发射，这种现象称为 Felicity 效应。在循环加载过程中，声发射过程的 Felicity 比定义为：

$$\mathrm{FR}(i) = \mathrm{P}(i+1)/\mathrm{P}(i) \qquad (2\text{-}14)$$

式中：$\mathrm{FR}(i)$——第 i 循环中的 Felicity 比；

$\mathrm{P}(i)$——第 i 次加载所达到的应力水平；

$\mathrm{P}(i+1)$——第 $i+1$ 次加载过程中恢复有效声发射时的应力水平。

根据 Kaiser 效应的定义，理论时只有当 $\mathrm{FR}(i) \geq 1$ 时 Kaiser 效应才有效，因此，Felicity 比时对材料声发射过程更详细的描述。混凝土声发射 Kaiser 效应的有效范围大约在材料极限强度的 40% ~80% 之间。

2）测试仪器

测试采用沈阳计算机研究设计院生产的 AE21C 型声发射测试系统，（图 2-6）。

图 2-7 为声发射仪测试参数。

图 2-6　AE21C 型声发射测试系统

结合 AE21C 型声发射测试系统的具体特点及试验目的，测试相关参数选用参数如下：

（1）滤波器采用带通滤波来降低背景噪音，测试采用 100～200Hz 的带通滤波。

（2）换能器谐振频率一般应介于带通滤波带宽的中间位置，选用 140Hz 的换能器。

（3）前置放大器增益选为 40Hz（该设备固定选 40Hz，不能调整）。

（4）门槛电压选为（40Hz）150mV，主放大器增益选为20Hz，事件间隔10ms，采用数据试件间隔0.1s，事件范围2×10^{6}，搜索速率0.25s，输出方式为事件数和振铃数输出。

（5）外部模拟量不采用，因采用定数率加载，应力水平可以按照加载时间换算得到。

（6）耦合采用：黄油。

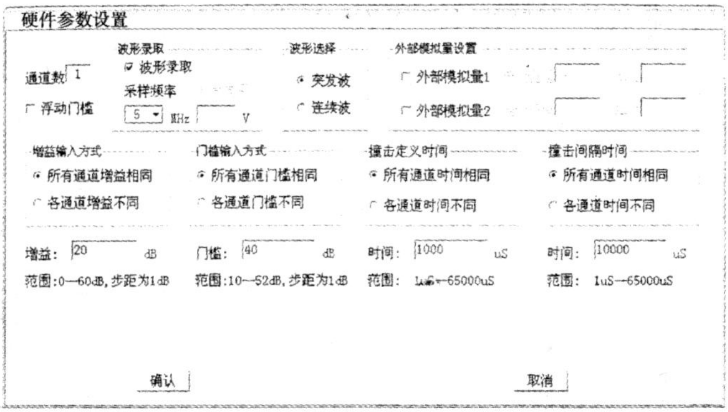

图2-7　声发射仪测试参数

3）声发射测试结果

图2-8，图2-9，图2-10及图2-11分别为芯样1，2，3和4的声发射测试信号。由于试验信号图表示的分别时声发射振铃计数率、撞击计数率、振幅分布和撞击计数数量的相对值，在最后阶段混凝土芯样被压碎，声发射撞击数急剧增加，所以在加载时间为120s前面的图形数据显示较少，具体的撞击数资料可以从计算机中的试验结果文本文件中读出，表2-12为计算机中试验数据的文本文件整理结果。

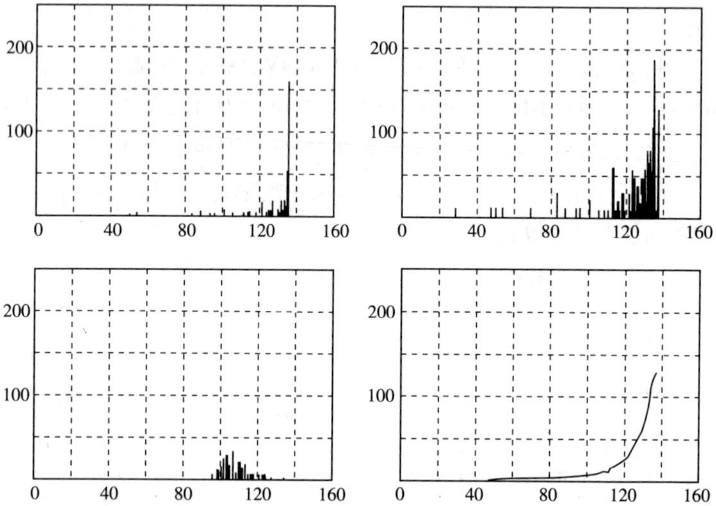

图 2-8　芯样 1 的声发射信号

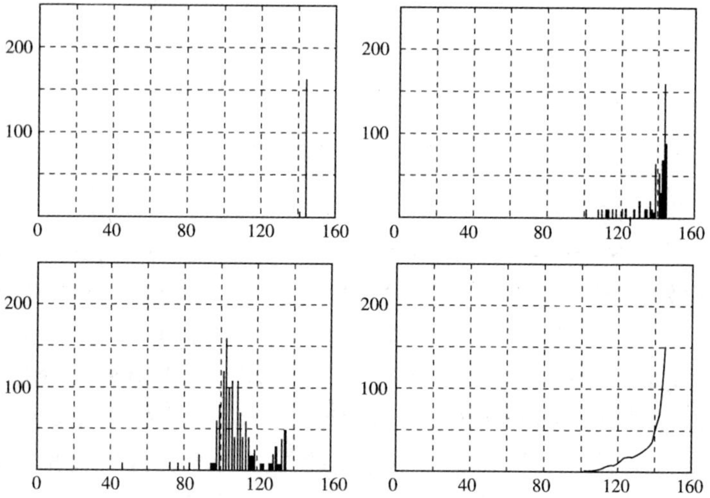

图 2-9　芯样 2 的声发射信号

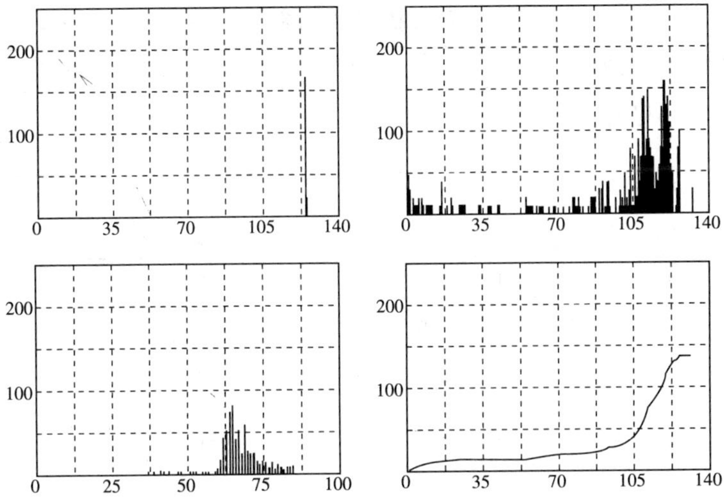

图 2-10　芯样 3 的声发射信号

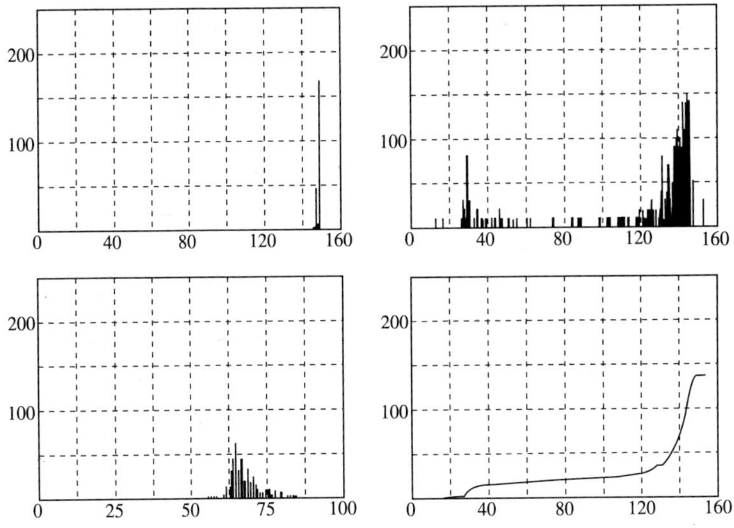

图 2-11　芯样 4 的声发射信号

声发射事件累计数　　表 2-12

相对应力(%)	芯样 1	芯样 2	芯样 3	芯样 4
0.10	0	0	0	0
0.15	0	0	7	3
0.20	0	1	11	7
0.25	1	3	15	10
0.30	1	5	16	14
0.35	1	6	19	14
0.40	3	9	20	16
0.45	3	9	23	16
0.50	4	11	31	18
0.55	5	14	39	20
0.60	5	18	43	21
0.65	8	20	56	26
0.70	9	24	63	30
0.75	11	33	90	33
0.80	22	48	109	47
0.85	54	79	233	80

从图 2-8 至图 2-9 可以看出试验过程中声发射信号的变化规律,该规律可以定性地描述为,在初始阶段声发射数量均较少,直到接近破坏才有大量的声发射信号出现。这样,依据前面所论述的声发射信号分布规律和混凝土芯样损伤量的关系,可以从定性的角度确定混凝土损伤量较小。相比之下,芯样 3 在初始阶段的声发射信号量最大,因此,芯样 3 应该时损伤量最大的一个芯样。

为了排除压力机压紧时的系统噪声及混凝土破坏时的不稳

定性，取25%～80%的声发射信号进行回归系数。依据公式(2-6)进行拟合，拟合结果如图2-12，图2-13，图2-14，图2-15所示，其中：X轴为应力水平，Y轴为声发射事件数。

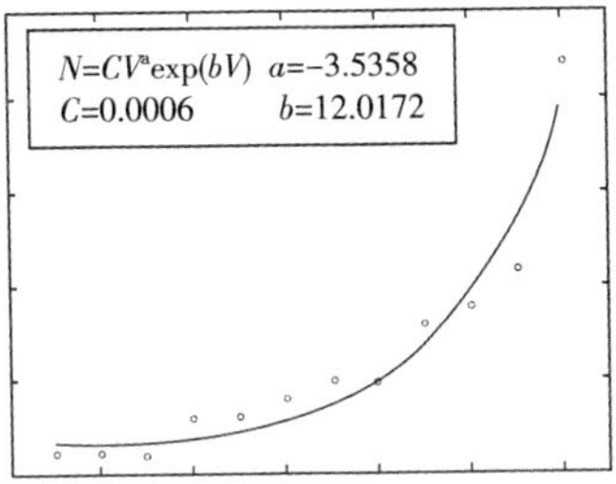

图2-12　芯样1的拟合图形

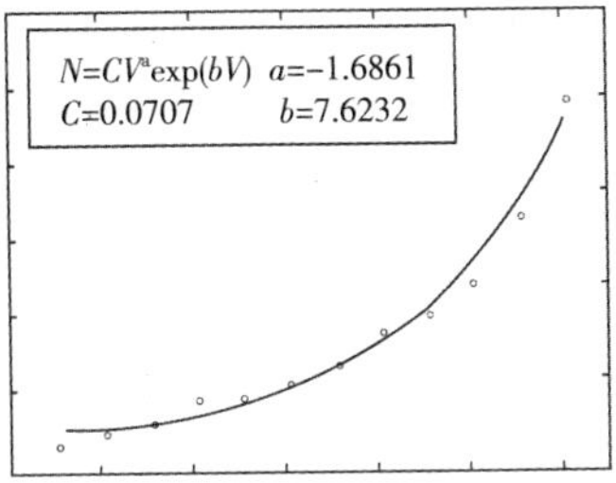

图2-13　芯样2的拟合图形

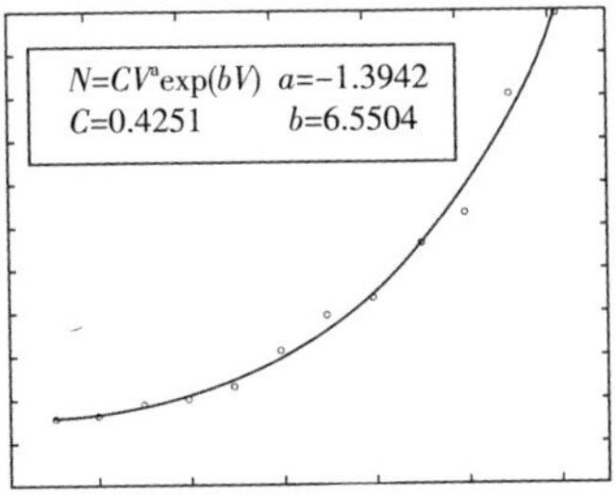

图2-14　芯样3的拟合图形

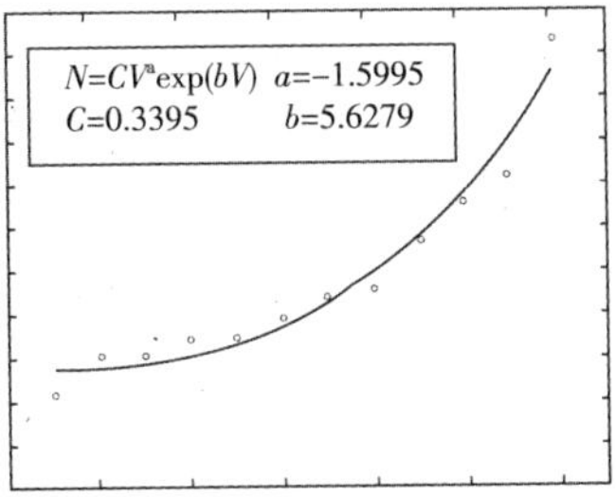

图2-15　芯样4的拟合图形

4）混凝土损伤估计

表2-13为损伤量计算表，E_o、E_p分别为芯样的初始弹性模量和最大应力时的割线模量，其取值自表2-13声发射速率a值为公式(2-11)的拟合结果，其值可从图2-12～图2-15中读出，求出E_o与E_p的差值后，依据公式(2-11)进行拟合(拟合图形如图2-16所示)，得到直线方程的系数X、Y的值，其中Y值将用来计算混凝土芯样无损状态时的弹性模量。

损伤量计算表 表 2-13

芯样号	E_0 (10^4N/mm^2)	E_p (10^4N/mm^2)	$E_o - E_p$ (10^4N/mm^2)	α	X	Y
芯样 1	3.72	3.30	0.42	-3.5358	-0.0440	0.2870
芯样 2	3.91	3.51	0.4	-1.6861		
芯样 3	3.66	3.51	0.15	-1.3942		
芯样 4	3.73	3.19	0.54	-1.5995		

图 2-16 为 $E_o - E_p = X\alpha + Y$ 拟合图形，其纵轴为初始弹性模量 E_o 与最大应力对应的割线模量 E_p 的差值，横轴为声发射速率 a。图中散点分别为四个芯样的试验值点位，其坐标为(a,$E_o - E_p$)，坐标值取自表 2-13。直线为依据公式(2-11)拟合出的直线，可以看出试验点均在直线附近，其中两个在直线上方，两个在下方。

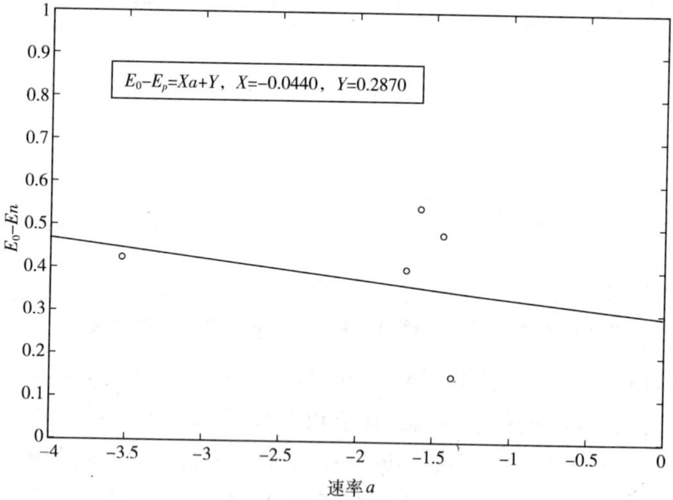

图 2-16 混凝土芯样弹性模量的变化量和速率 a 的关系

最终损伤量的计算过程参见表2-14，E_o、E_p分别为芯样的初始弹性模量和最大应力时的割线模量，其取值自表2-14，Y为图2-16中计算出的方程的常数项，E^*为混凝土初始损伤为零时的弹性模量。按照式(2-12)首先计算出完好状态的混凝土弹性模量，然后用E_0/E^*计算出混凝土材料的连续性，最后依据公式(2-13)可以计算得到混凝土芯样的损伤量D_0。

最终损伤参数计算表　　　　表2-14

芯样号	E_0 (10^4N/mm²)	E_p (10^4N/mm²)	Y	$E^*=E_p+Y$ (10^4N/mm²)	E_0/E^*	$D_0=1-E_o/E^*$
芯样1	3.72	3.30	0.2870	3.59	1.4362	—
芯样2	3.91	3.51		3.79	1.0317	—
芯样3	3.66	3.51		3.79	0.9657	0.0343
芯样4	3.73	3.19		3.47	1.0749	—

从表2-14损伤计算结果来看，芯样1、2和4损伤计算结果为负值，可以认定混凝土芯样的损伤量为零或者说损伤极为微小，芯样3的计算损伤量为0.0343。

5）声发射测试结果分析

从表2-14得到，芯样1、2和4为完好混凝土，芯样3有微小损伤，损伤程度为3.43%，是四个芯样中最大的一个。这一点和先前的定性判断是一致的，即完好或微损伤混凝土的声发射活性是比较稳定的，在最终破坏（应力达到极限应力的80%）之前保持较低水平。表2-13表明四个芯样的声发射活性参数a均小于0。因此，该桥所检测部位的混凝土损伤量在3.43%以内，混凝土基本完好。

Kaiser效应是指材料的第一次受力后，再次以同样方式受力时，达到以前受力的最大荷载前不出现声发射。但是Kaiser效应并不是严格的,Felicity 效应则是对 Kaiser 效应记忆准确的进一步描述,常用不可逆比表示。因此,Kaiser 效应和 Felicity 效应是反映混凝土曾经承受的最大应力的两个特征。经试验研究,对于混凝土材料,其有效范围为混凝土曾承受的最大应力在混凝土极限应力的 40% ~70% 之间。从试验及计算结果可以发现:

(1)因加载方式选用的是定荷载速率加载,芯样 1、芯样 2、芯样 3 和芯样 4 的破坏时间分别为 130s、140s、105s 和 130s,在加载时间小于破坏时间 70% 时,即芯样应力小于极限应力的 70% ,应用表 2-14 数据,依据第三节所提出的两个出现有效声发射的判别条件(a. 当荷载增加时,声发射信号是连续的;b. 在荷载增加 10% 的过程中,声发射事件计数多于 10 个),在试验过程中未观察到明显的有效声发射恢复现象,可以断定混凝土曾经承受的最大应力不在极限应力的 40% ~70% 之间(如图 2-8 ~ 图 2-11 所示)。

(2)表 2-13 计算得到的声发射活性参数 a 均小于 0,表明芯样的损伤量极其微小。

综合以上两点,可以得出取样部位的混凝土所承受过的最大应力,应没有超过极限应力的 40% 的结论。

第六节　桥梁荷载试验及有限元分析

将标准设计荷载或标准设计荷载的等效荷载施加于实桥结构的指定位置,对实桥结构的变形、应变分布进行检测,一次对实桥结构性能作出判断,检验桥梁的承载力是否达到设计要求,荷载试验采用基本荷载试验。

1. 测点布置、试验荷载及加载方式

在拱的跨中 $3L/8$、$L/4$ 拱脚截面位置上布置挠度和应变测点，测试在各种工况试验荷载作用下控制截面的挠度、应变，测点布置，见图 2-17。

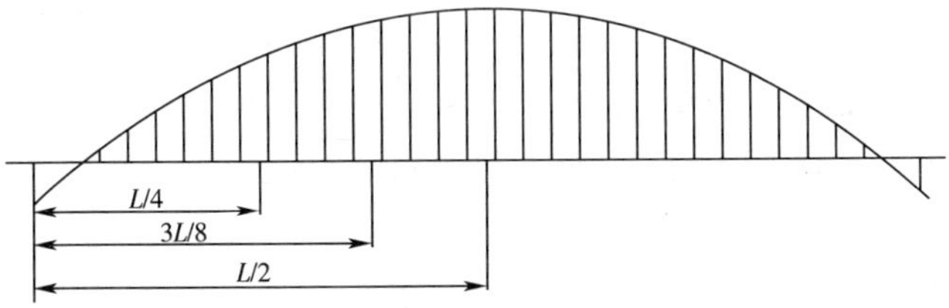

图 2-17　测点布置

1）试验荷载

（1）静力试验荷载确定原则

对各测试截面，按照内力等效的原则，按内力影响布置试验荷载，使得试验荷载效率不小于 0.8，且不大于 1.0，即：

$$0.8 \leqslant \eta = S_{stat}/(1+\mu) \cdot S \qquad (2\text{-}15)$$

式中：η——静力试验荷载效率；

S_{stat}——试验荷载作用下，某一检测项目的计算值；

S——设计标准荷载作用下，相应检测项目的计算值（不计冲击系数）；

μ——设计计算取用的冲击系数。

（2）试验荷载

试验荷载采用 20t 东风载重汽车，加载车辆编号及前、后轴见表 2-15。加载试验每种工况重复一次。试验前在桥面先画出轮位，加载时汽车准确就位。

加载汽车轴重　　表 2-15

车牌号	前轴重(t)	后轴重(t)	总重(t)	车牌号	前轴重(t)	后轴重(t)	总重(t)
S71591	4. 38	16. 20	20. 58	S71593	4. 06	16. 78	20. 83
S71590	4. 44	16. 43	20. 87	S05860	5. 40	15. 28	20. 67
S71537	4. 44	16. 42	20. 86	S71535	4. 54	16. 14	20. 68
S71531	4. 88	15. 97	20. 85	S90526	5. 09	15. 06	20. 15
S71532	3. 89	16. 4	20. 29	S05859	4. 60	14. 95	19. 55
S71609	4. 59	14. 91	19. 50	S05857	4. 75	15. 64	20. 39
S05856	4. 51	15. 78	20. 29	S05858	4. 86	14. 73	19. 59
S05855	4. 41	15. 18	19. 59	S71533	4. 04	16. 72	20. 76

2)试验荷载工况

(1)试验荷载工况

试验荷载工况见表 2-16。

试验荷载工况　　表 2-16

工况	测试内容	加载方式
1	拱顶截面正弯矩	对称加载
2	拱脚负弯矩	对称加载
3	*L*/4 截面正弯矩	对称加载
4	拱顶截面正弯矩	偏心加载
5	拱脚负弯矩	偏心加载
6	*L*/4 截面正弯矩	偏心加载
7	3*L*/8 截面正弯矩	对称加载
8	3*L*/8 截面正弯矩	偏心加载

(2)试验车辆布置

对称加载和偏心加载时各车的相对位置分别,见图 2-18 和图 2-19。

北

S05860	S05857	S05859	S05855
S05858	S05856	S71533	S71535
S71591	S71609	S71590	S71593
S71532	S71537	S71531	S90526

南

图 2-18　对称加载各车相对位置

北

S71535	S71533	S05858	S71532
S05855	S05857	S71537	S71590
S05859	S05860	S71591	S90526
S71609	S05856	S71593	S71531

南

图 2-19　偏心加载各车相对位置

试验各荷载工况的纵向车位布置及横向车位布置分别见图 2-20 和图 2-21。

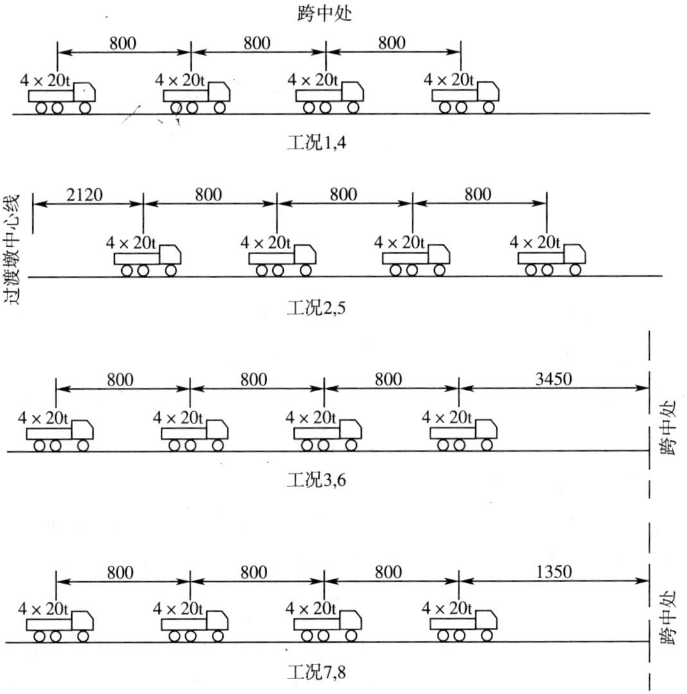

图 2-20　各种荷载工况纵向车位布置(尺寸单位:cm)

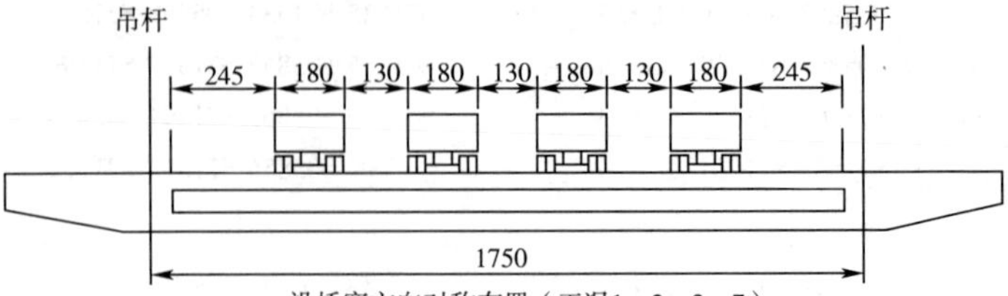

沿桥宽方向对称布置（工况1、2、3、7）

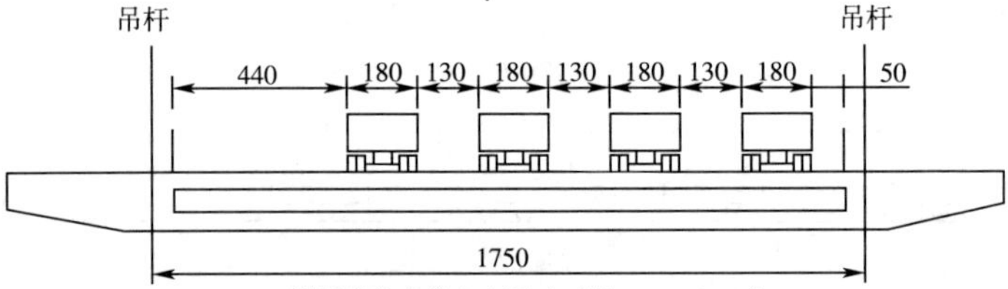

沿桥宽方向偏心布置（工况4、5、6、8）

图 2-21　各种荷载工况横向车位布置(尺寸单位:cm)

2. 桥梁有限元模型

(1)建模依据

为了分析在各种荷载工况下桥的受力状态,采用大型有限元软件 ANSYS,对该桥进行空间结构有限元分析。相关的数据资料依据该大桥施工图,以及本次的检测成果。

(2)有限元模型

该中承式拱桥主要由拱桥、桥面、吊杆、桥面上横梁、拱间联系梁和拱上立柱构成,其中拱桥和吊杆为主要承载构件。在选择单元时,同时考虑了该桥的受力特点及计算的工作量,根据该桥的各个构件的受力特点,采用三维梁单元(beam188)模拟拱轴、桥下主梁、拱间横梁及拱上立柱,该单元每个节点右 6 个自由度(3 个平动自由度,3 个转动自由度),同时考虑了梁的轴向变形和剪切变形;采用三维壳体单元(she1163)模拟桥面,该单元的每个节点有6个自由度,在 X,Y 及 Z 方向上的3个平动自由度和绕 X,Y 及 Z 轴的3个转动自由度;由于吊索只能承受拉力,不能承受压力,对吊杆采用 link10 单元进行模拟。在进行单元划分时,桥下主梁、桥面、拱的单元划分按吊索间距划分,吊杆与拱、桥面、桥下主梁交接处形成单元节点,采用有限元的节点耦合法使交接点的位移协调。有限元模型,如图2-22所示。

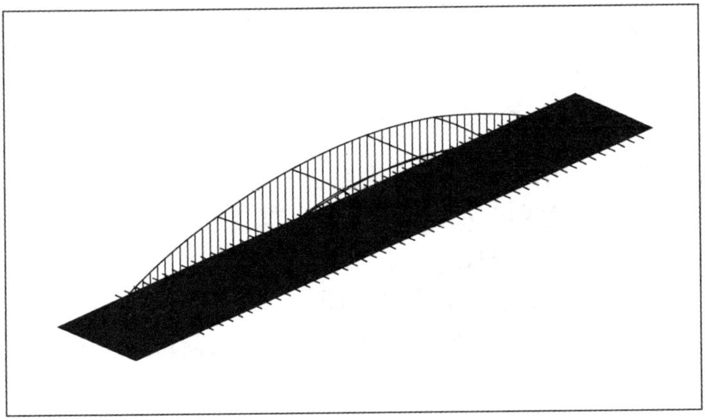

图 2-22

3. 应变测量结果及分析

(1)测试系统

应变测量采用电测法进行。在拱桥的各个控制截面的上下缘相距950mm处,各对称布置2个弓形应变计。它们通过测量导线连接到DH3815静态电阻应变仪,最后由计算机完成数据采集(图2-23)。

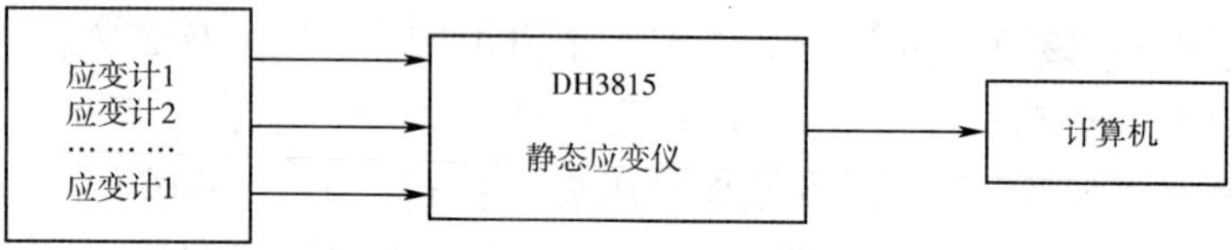

图 2-23

(2)实测应力值的修正方式

在试验荷载作用下,将所测得的各测点应变,取三次加载测量应变的平均值,进行应变片灵敏系数修正和长导线电阻修正。修正系数为:

$$K = 2.0 \times (R_p + R_d)/(K_p \times 120) \tag{2-16}$$

式中:R_p——应变片电阻,120Ω;

R_d——导线电阻,本次测量全部采用100m导线,电阻为2.3Ω;

K_p——应变片灵敏系数2.05。

计算所得修正系数K分别为0.9943实测应力值σ用下式计算:

$$\sigma = K \cdot E \cdot (\varepsilon_1 + \varepsilon_2 + \varepsilon_3)/3 \tag{2-17}$$

式中:ε_1、ε_2、ε_3——重复加载三次实测的应变值。

(3)应变、应力测量值及计算值

各种工况的应变、应力测量值及计算值见表2-17、表2-18、表2-19、表2-20和表2-21、表2-22、表2-23。其中"—"符号表示该处应力较小,建模和测量引起的误差较大,因此不做比较。

工况 1 加载时的实测应力值与计算应力值　　表 2-17

测量截面位置		测点位置	实测应力(MPa)					计算应力(MPa)	校验系数
			应变(με)				应力		
			第一次	第二次	第三次	平均值			
拱脚	上游拱肋	上缘上游侧	-37	-37	-37	-37	-1.2025	—	—
		上缘下游侧	-49	-49	-49	-49	-1.5925	—	—
		下缘上游侧	20	25	20	22	0.715	—	—
		下缘下游侧	25	25	25	25	0.8125	—	—
	下游拱肋	上缘上游侧	-52	-52	-52	-52	-1.69	—	—
		上缘下游侧	-57	-57	-57	-57	-1.8525	—	—
		下缘上游侧	25	25	25	25	0.8125	—	—
		下缘下游侧	20	20	20	20	0.65	—	—
L/4	下游拱肋	上缘上游侧	29	29	29	29	0.9425	0.70	1.35
		上缘下游侧	29	29	29	29	0.9425	0.70	1.35
		下缘上游侧	-74	-74	-74	-74	-2.405	-2.42	0.99
		下缘下游侧	-86	-86	-86	-86	-2.4375	-2.42	1.15
3*L*/8	下游拱肋	上缘上游侧	-74	-78	-74	-75	-2.7375	-2.5	0.98
		上缘下游侧	-54	-56	-54	-55	-1.7875	-2.5	0.72
		下缘上游侧	12	13	12	12	0.39	0.82	0.48
		下缘下游侧	9	11	10	10	0.325	0.82	0.40
L/2	下游拱肋	上缘上游侧	-109	-111	-110	-110	-3.575	-4.27	0.84
		上缘下游侧	-105	-107	-105	-106	-3.445	-4.27	0.81
		下缘上游侧	57	53	56	55	1.7875	2.69	0.66
		下缘下游侧	45	45	44	45	1.4625	2.69	0.54

工况 2 加载时的实测应力值与计算应力值　　表 2-18

测量截面位置		测点位置	实测应力(MPa)					计算应力(MPa)	校验系数
			应变(με)				应力		
			第一次	第二次	第三次	平均值			
拱脚	上游拱肋	上缘上游侧	107	111	107	108	3.51	5.54	0.63
		上缘下游侧	97	94	106	99	3.2175	5.54	0.58
		下缘上游侧	-106	-110	-106	-108	-3.51	-7.15	0.49
		下缘下游侧	-102	-10	-102	-102	-3.315	-7.15	0.46
	下游拱肋	上缘上游侧	65	65	65	65	2.1775	5.54	0.39
		上缘下游侧	114	114	114	114	3.705	5.54	0.67
		下缘上游侧	-106	-110	-102	-106	-3.445	-7.15	0.48
		下缘下游侧	-106	-106	-102	-105	-3.4125	-7.15	0.48
$L/4$	下游拱肋	上缘上游侧	-90	-94	-90	-91	-2.9575	-4.1	0.72
		上缘下游侧	-90	-98	-90	-93	-3.0225	-4.1	0.74
		下缘上游侧	82	82	86	83	2.6975	3.67	0.74
		下缘下游侧	110	110	110	110	3.575	3.67	0.97
$3L/8$	下游拱肋	上缘上游侧	-57	-57	-53	-56	-1.82	-1.05	1.73
		上缘下游侧	-46	-43	-46	-45	-1.4625	-1.05	1.39
		下缘上游侧	22	23	22	22	0.715	0.6	1.19
		下缘下游侧	21	23	24	23	0.7475	0.6	1.25
$L/2$	下游拱肋	上缘上游侧	22	23	23	23	0.7475	0.90	0.83
		上缘下游侧	26	29	27	27	0.8775	0.90	0.98
		下缘上游侧	-33	-33	-33	-33	-1.0725	-1.37	0.78
		下缘下游侧	-26	-26	-27	-26	-0.845	-1.37	0.62

工况 4 加载时的实测应力值与计算应力值　　表 2-19

测量截面位置		测点位置	实测应力(MPa)					计算应力(MPa)	校验系数
			应变(με)				应力		
			第一次	第二次	第三次	平均值			
拱脚	上游拱肋	上缘上游侧	-37	-37	-37	-37	-1.2025	—	—
		上缘下游侧	-41	-41	-37	-40	-1.3	—	—
		下缘上游侧	25	20	25	23	0.7475	—	—
		下缘下游侧	20	20	20	20	0.65	—	—
	下游拱肋	上缘上游侧	-45	-50	-45	-47	-1.5275	—	—
		上缘下游侧	-69	-73	-69	-71	-2.3075	—	—
		下缘上游侧	29	20	25	25	0.8125	—	—
		下缘下游侧	25	20	25	23	0.7475	—	—
$L/4$	下游拱肋	上缘上游侧	29	28	33	30	0.975	0.63	1.55
		上缘下游侧	29	23	29	27	0.8775	0.63	1.39
		下缘上游侧	-86	-90	-86	-87	-2.8275	-2.85	0.99
		下缘下游侧	-98	-98	-102	-99	-3.2175	-2.85	1.13
$3L/8$	下游拱肋	上缘上游侧	-61	-67	-65	-65	-2.1125	-3.05	0.69
		上缘下游侧	-55	-54	-53	-54	-1.755	-3.05	0.58
		下缘上游侧	14	12	15	14	0.455	0.90	0.51
		下缘下游侧	15	13	13	14	0.455	0.90	0.51
$L/2$	下游拱肋	上缘上游侧	-137	-135	-137	-136	-4.42	-5.1	0.87
		上缘下游侧	-125	-124	-125	-125	-4.0625	-5.1	0.80
		下缘上游侧	74	65	69	69	2.2425	3.1	0.72
		下缘下游侧	53	46	53	51	1.6575	3.1	0.53

工况5加载时的实测应力值与计算应力值　　表2-20

测量截面位置		测点位置	实测应力(MPa)					计算应力(MPa)	校验系数
			应变(με)				应力		
			第一次	第二次	第三次	平均值			
拱脚	上游拱肋	上缘上游侧	65	61	63	63	2.0475	5.69	0.36
		上缘下游侧	102	106	104	104	3.38	5.69	0.59
		下缘上游侧	-98	-94	-96	-96	-3.12	-6.56	0.48
		下缘下游侧	-86	-90	-88	-88	-2.86	-6.56	0.44
	下游拱肋	上缘上游侧	80	78	79	79	2.5675	5.69	0.45
		上缘下游侧	123	131	127	127	4.1275	5.69	0.73
		下缘上游侧	-135	-137	-136	-136	-4.42	-6.56	0.67
		下缘下游侧	-123	-118	-120	-120	-3.9	-6.56	0.59
L/4	下游拱肋	上缘上游侧	-102	-104	-103	-103	-3.3475	-4.72	0.71
		上缘下游侧	-106	-104	-105	-105	-3.4125	-4.72	0.72
		下缘上游侧	79	79	79	79	2.5675	4.07	0.63
		下缘下游侧	109	106	108	108	3.51	4.07	0.86
3*L*/8	下游拱肋	上缘上游侧	-45	-43	-44	-44	-1.43	-1.07	1.34
		上缘下游侧	-34	-38	-36	-36	-1.17	-1.07	1.09
		下缘上游侧	27	24	26	26	0.845	0.43	1.97
		下缘下游侧	22	20	21	21	0.6825	0.43	1.59
L/2	下游拱肋	上缘上游侧	32	35	34	34	1.105	0.99	1.12
		上缘下游侧	31	33	32	32	1.04	0.99	1.05
		下缘上游侧	-45	-41	-43	-43	-1.3975	-1.06	0.87
		下缘下游侧	-33	-36	-34	-34	-1.105	-1.60	0.69

工况 6 加载时的实测应力值与计算应力值　　表 2-21

测量截面位置		测点位置	实测应力(MPa)					计算应力(MPa)	校验系数
			应变(με)				应力		
			第一次	第二次	第三次	平均值			
拱脚	上游拱肋	上缘上游侧	45	42	45	44	1.43	5.73	0.25
		上缘下游侧	78	82	83	81	2.6325	5.73	0.46
		下缘上游侧	-74	-76	-78	-76	-2.47	-6.58	0.38
		下缘下游侧	-82	-78	-82	-80	-2.6	-6.58	0.40
	下游拱肋	上缘上游侧	80	77	83	80	2.6	5.73	0.45
		上缘下游侧	102	98	102	101	3.2825	5.73	0.57
		下缘上游侧	-106	-101	-101	-103	-3.3475	-6.58	0.51
		下缘下游侧	-102	-98	-99	-100	-3.25	-6.58	0.49
L/4	下游拱肋	上缘上游侧	-114	-106	-110	-110	-3.575	-6.48	0.55
		上缘下游侧	-114	-114	-114	-114	-3.705	-6.48	0.57
		下缘上游侧	94	98	98	97	3.1525	5.41	0.58
		下缘下游侧	127	127	127	127	4.1275	5.41	0.76
3*L*/8	下游拱肋	上缘上游侧	-63	-61	-64	-63	-2.0475	-2.08	0.98
		上缘下游侧	-55	-53	-52	-53	-1.7225	-2.08	0.83
		下缘上游侧	42	46	45	44	1.43	1.15	1.24
		下缘下游侧	37	39	40	39	1.2675	1.15	1.10
L/2	下游拱肋	上缘上游侧	34	35	35	35	1.1375	1.11	1.02
		上缘下游侧	34	32	29	32	1.04	1.11	0.94
		下缘上游侧	-41	-41	-41	-41	-1.3325	-2.05	0.65
		下缘下游侧	-25	-25	-20	-23	-0.7475	-2.05	0.36

工况 7 加载时的实测应力值与计算应力值　　表 2-22

测量截面位置		测点位置	实测应力(MPa)					计算应力(MPa)	校验系数
			应变(με)				应力		
			第一次	第二次	第三次	平均值			
拱脚	上游拱肋	上缘上游侧	28	22	22	24	0.78	3.25	0.24
		上缘下游侧	22	22	18	21	0.6525	3.25	0.21
		下缘上游侧	-33	-33	-37	-34	-1.105	-4.5	0.25
		下缘下游侧	-33	-33	-29	-31	-1.0075	-4.5	0.22
	下游拱肋	上缘上游侧	28	28	24	27	0.8775	3.25	0.27
		上缘下游侧	28	28	28	28	0.91	3.25	0.28
		下缘上游侧	-33	-33	-33	-33	-1.0725	-4.5	0.24
		下缘下游侧	-33	-33	-37	-34	-1.105	-4.5	0.25
L/4	下游拱肋	上缘上游侧	-53	-49	-53	-52	-1.69	-4.0	0.42
		上缘下游侧	-49	-49	-53	-50	-1.625	-4.0	0.41
		下缘上游侧	44	44	40	43	1.3975	2.5	0.56
		下缘下游侧	43	38	38	40	1.3	2.5	0.52
3L/8	下游拱肋	上缘上游侧	-149	-145	-149	-148	-4.81	-5.24	0.92
		上缘下游侧	-127	-125	-124	-125	-4.0625	-5.24	0.78
		下缘上游侧	119	118	117	118	3.835	3.98	0.96
		下缘下游侧	101	99	103	101	3.2828	3.98	0.82
L/2	下游拱肋	上缘上游侧	-23	-22	-24	-23	-0.7475	-0.75	1.00
		上缘下游侧	-18	-17	-19	-18	-0.585	-0.75	0.78
		下缘上游侧	0	4	4	3	0.0975	—	—
		下缘下游侧	8	8	8	8	0.26	—	—

工况 8 加载时的实测应力值与计算应力值　　表 2-23

测量截面位置		测点位置	实测应力(MPa)					计算应力(MPa)	校验系数
			应变(με)				应力		
			第一次	第二次	第三次	平均值			
拱脚	上游拱肋	上缘上游侧	28	34	35	32	1.04	3.7	0.28
		上缘下游侧	22	22	18	21	0.6825	3.7	0.18
		下缘上游侧	-43	-44	-44	-44	-1.43	-4.4	0.33
		下缘下游侧	-33	-33	-29	-31	-1.0075	-4.4	0.23
	下游拱肋	上缘上游侧	28	28	24	27	0.8775	3.7	0.24
		上缘下游侧	28	28	28	28	0.91	3.7	0.25
		下缘上游侧	-33	-33	-33	-33	-1.0725	-4.4	0.24
		下缘下游侧	-46	-47	-46	-46	-1.495	-4.4	0.34
L/4	下游拱肋	上缘上游侧	-75	-72	-68	-72	-2.34	-4.89	0.48
		上缘下游侧	-60	-58	-64	-61	-1.9825	-4.89	0.41
		下缘上游侧	60	60	55	58	1.885	2.85	0.66
		下缘下游侧	43	48	47	46	1.495	2.85	0.52
3*L*/8	下游拱肋	上缘上游侧	-162	-164	-160	-162	-5.265	-6.14	0.86
		上缘下游侧	-137	-155	-155	-149	-4.8425	-6.14	0.79
		下缘上游侧	129	128	127	128	4.16	4.44	0.94
		下缘下游侧	110	112	113	112	3.64	4.44	0.82
L/2	下游拱肋	上缘上游侧	-40	-38	-41	-40	-1.3	-1.03	1.26
		上缘下游侧	-27	-29	-30	-29	-0.9425	-1.03	0.92
		下缘上游侧	5	11	13	10	0.325	—	—
		下缘下游侧	18	17	22	19	0.6175	—	—

(4)应力试验检测结果与有限元计算结果对比分析

工况1、工况4分别对应对称荷载情况下和偏心荷载情况下拱顶截面正弯矩最大的情况。在对称和偏心荷载作用下,拱顶截面各处应力的校验系数在0.53~0.87之间。在对称荷载作用下,拱顶截面处应力的平均校验系数为0.71,在偏心荷载作用下,拱顶截面处应力的平均校验系数为0.73。

工况2、工况5分别对应对称荷载和偏心荷载情况下拱脚截面负弯矩最大的情况。在对称和偏心荷载作用下,拱脚截面各处应力的校验系数在0.36~0.67之间。在对称荷载作用下,拱脚截面处应力的平均校验系数为0.52,在偏心荷载作用下,拱脚截面处应力的平均校验系数为0.54。

工况3、工况6分别对应对称荷载和偏心荷载情况下 $L/4$ 拱截面正弯矩最大的情况。在对称和偏心荷载作用下,$L/4$ 拱截面各处应力校验系数在0.55~0.76之间,在对称荷载作用下,$L/4$ 拱截面处应力的平均校验系数为0.61,在偏心荷载作用下,$L/4$ 拱截面处应力的平均校验系数为0.62。

工况7、工况8分别对应对称荷载和偏心荷载情况下 $3L/8$ 拱截面正弯矩最大的情况。在对称和偏心荷载作用下,$3L/8$ 拱截面各处应力的校验系数在0.78~0.96之间。在对称荷载作用下,$3L/8$ 拱截面效应力的平均校验系数0.87,在偏心荷载作用下,$3L/8$ 拱截面处应力的平均校验系数为0.85。

从上述的应力校验系数结果可见,除拱脚处的应力校验系数较小外,大部分校验系数在0.5~0.9之间。拱脚处的应力校验系数较小的原因可能是有限元模型在拱脚处的约束情况和实际情况有一定差异而产生的。

4. 挠度测量结果及分析

1）挠度测试设备

挠度测试采用精密水准仪、全站仪进行。

2）挠度测量值及计算值

各种工况下挠度的有限元计算结果与试验检测值，见表2-24。

3）挠度试验检测结果与有限元计算结果对比分析

（1）挠度校验系数

工况1和工况4下拱顶产生了最大挠度，拱顶挠度校验系数在0.69～0.84之间，平均值为0.77。

在工况2、工况3和工况5下，$L/4$拱处产生了最大挠度，$L/4$拱处挠度校验系数在0.55～0.72之间，平均值为0.61。

在工况6和工况7下，$3L/8$拱处产生了最大挠度，$3L/8$拱处挠度校验系数在0.51～0.79之间，平均值为0.67。

从上述的挠度校验系数结果可见，在各种荷载工况下最大挠度处的校验系数在0.5～0.85之间。表中的少数挠度校验系数值较大或为负值的原因可能是测量误差或建模误差。

（2）荷载横向分布特性

由挠度实测结果可见，对称荷载作用时，拱顶和$L/4$拱处上、下游拱肋挠度值接近，但在$3L/8$拱处挠度相差较大；偏心荷载作用时，下游侧测点的挠度值均较上游侧测点挠度值大，符合荷载横向分配状况。

5. 索力测量结果

（1）索力测试设备

索力采用IFM—168型索力测试仪和计算机进行测试。

挠度实测值与计算值 表2-24

荷载工况	截面位置	测点位置	挠度(mm)		挠度校验系数
			测试值	计算值	
工况1	L/4	上游拱肋	+5.3	-1.26	-4.21
		下游拱肋	+2.1	-1.26	-1.67
	3L/8	上游拱肋	-8.7	-16.1	0.54
		下游拱肋	-11.9	-16.1	0.74
	L/2	上游拱肋	-16.4	-23	0.71
		下游拱肋	-19.4	-23	0.84
工况2	L/4	上游拱肋	-21.3	-33.6	0.63
		下游拱肋	-24.2	-33.6	0.72
	3L/8	上游拱肋	-26	-19.6	1.33
		下游拱肋	-17.6	-19.6	0.90
	L/2	上游拱肋	+7.8	+3.3	2.36
		下游拱肋	+2.1	+3.3	0.64
工况3	L/4	上游拱肋	-22.8	-41.5	0.55
		下游拱肋	-24.6	-41.5	0.60
	3L/8	上游拱肋	-29.8	-27.8	-1.07
		下游拱肋	-18.9	-27.8	-0.68
	L/2	上游拱肋	+4.9	-1.9	-2.58
		下游拱肋	+0.4	-1.9	-0.21
工况4	L/4	上游拱肋	+1.3	-1.1	-1.18
		下游拱肋	+2.7	-1.43	-1.89
	3L/8	上游拱肋	-6.7	-13.26	0.51
		下游拱肋	-14.1	-19.0	0.74
	L/2	上游拱肋	-15.2	-18.56	0.82
		下游拱肋	-19	-27.52	0.69

续上表

荷载工况	截面位置	测点位置	挠度(mm)		挠度校验系数
			测试值	计算值	
工况 5	$L/4$	上游拱肋	-20.9	-36.9	0.57
		下游拱肋	-27.1	-46.1	0.59
	$3L/8$	上游拱肋	-22.1	-25.2	0.88
		下游拱肋	-17	-30.4	0.56
	$L/2$	上游拱肋	+2.5	1.7	1.47
		下游拱肋	+5.4	2.2	2.45
工况 6	$L/4$	上游拱肋	-21.5	-31.2	0.69
		下游拱肋	-28.4	-38.5	0.74
	$3L/8$	上游拱肋	-24.1	-33.9	0.71
		下游拱肋	-22.1	-43.7	0.51
	$L/2$	上游拱肋	+1.2	-13.6	-0.09
		下游拱肋	+3.3	-9.3	-0.35
工况 7	$L/4$	上游拱肋	-16	-34.9	0.46
		下游拱肋	-18.1	-34.8	0.52
	$3L/8$	上游拱肋	-30.5	-38.8	0.79
		下游拱肋	-26	-38.8	0.67
	$L/2$	上游拱肋	-7.8	-11.4	0.68
		下游拱肋	-10.7	-11.4	0.94

(2)索力测试原理

索力测试采用频谱法。将高灵敏度的拾振器紧固在吊索上,拾取吊索在外界环境激励下的振动信号,采用专门分析软件拾取的振动信号进行滤波、放大和谱分析,得到吊索的振动频谱,再根据索力与频谱的关系确定索力大小。索力与频率具有如下的关系:

$$F = K \times (f_n/n)^2 \qquad (2\text{-}18)$$

式中：n——缆索自振频率的阶数；

f_n——缆索的第 n 阶自振频率；

K——系数；

F——索力。

反应在频谱图上，各阶频率是等间距值，大小即等于基频 f_1。在实际测量过程中，可以充分利用这个特性，来判断是否为缆索自振的频谱，凡与缆索振动的频谱特性一致的频谱图，才确认为缆索的频谱图，否则要分析原因，检查仪器，重新测量，这样才能确保测试结果的正确性。

（3）索力测试结果

索力的测试内容包括在随机车流作用下的全部吊索索力和试验车辆作用下部分吊索索力，测量得到的各杆索力，如表 2-25 所示。

吊杆索力测试值 表 2-25

吊杆编号		随机车流张力实测值（kN）	吊杆编号		随机车流张力实测值（kN）	试验荷载张力实测值（kN）
上游	1	1720.4	下游	1	1861.0	
	2	1418.0		2	1327.7	1766.8
	3	1155.0		3	1182.5	1583.7
	4	1064.2		4	1125.4	1511.6
	5	1027.1		5	993.45	1289.0
	6	970.79		6	1011.8	
	7	948.31		7	946.04	
	8	966.93		8	903.09	

续上表

吊杆编号		随机车流张力实测值（kN）	吊杆编号		随机车流张力实测值（kN）	试验荷载张力实测值（kN）
上游	9	928.39	下游	9	926.24	
	10	904.67		10	939.10	
	11	892.00		11	964.47	
	12	1194.2		12	912.12	
	13	816.08		13	889.43	1228.2
	14	923.66		14	882.23	1218.3
	15	828.77		15	1035.5	1522.4
	16	885.17		16	896.56	
	17	856.78		17	879.82	
	18	856.83		18	903.42	
	19	917.56		19	918.90	
	20	889.76		20	921.96	
	21	864.34		21	908.29	
	22	941.13		22	910.47	
	23	973.62		23	922.93	
	24	1083.0		24	1085.0	
	25	981.01		25	1033.4	
	26	1308.3		26	1136.5	
	27	1241.1		27	1028.4	
	28			28	1412.3	
	平均值	1020.633		平均值	1030.644	

(4)索力测试结果分析

由索力测量值可见;在随机车流作用下,吊杆的内力分布比较均匀。当桥面有试验车辆时,吊杆的内力有一定程度的增加。

第七节 桥梁结构损伤定位

1. 损伤定位方法

1)灰色位移曲率关联系数

结构在发生损伤时,结构上各点的静态位移、静态应变也将随之发生变化,结构的静态参数(静态位移、静态应变)的变化,可以反映结构的工作状态。根据灰色系统理论,进行损伤识别的结构是一个典型的灰色系统,可以通过损伤前后结构参数的关联性分析对损伤进行定位。由于静态测量参数(位移、应变)对局部损伤敏感,因此结构上的某一部位发生损伤时,引起该部位的附近区域的静态位移、应变的变化比其他部位大的多,反映在结构上该部位的位移相关性、应变的相关性比其他部位要差,故可以通过位移、应变在各部位的相关程度实现对损伤的定位。位移曲率比位移本身对结构的损伤更为敏感,结构上某个区域发生损伤时,则该区域的节点位移曲率将发生变化,因此可以根据各节点的位移曲率的相关性大小实现对结构的损伤定位。

根据灰色系统理论的灰色相关性理论,结构未发生损伤时,其上节点的静态位移曲率相关性系数等于1;而结构发生损伤时,在损伤部位的静态位移曲率的相关系数小于1,因此静态位移曲率的相关程度可以反映结构是否发生损伤。

令 X 为灰色关联因子集，$\chi_0 \in X$ 为未发生损伤时的节点位移，即参考序列；$\chi_i \in X$ 为结构发生损伤后的各节点的位移，即比较序列，$\chi_0 = (\chi_0(1), \chi_0(2), \cdots, \chi_0(n))$，$\chi_i = (\chi_i(1), \chi_i(2), \cdots, \chi_i(n))$。则称 $\xi_i(k)$ 为比较序列 χ_i 与参考序列 χ_0 在 k 点的灰色曲率关联系数：

$$\xi_i(t) = \frac{1}{1 + \dfrac{|\rho_i - \rho_0|}{\max|\rho_i - \rho_0|}} = \frac{1}{1 + \dfrac{|W_{\chi_i}(t) - W_{\chi_0}(t)|}{\max|W_{\chi_i}(t) - W_{\chi_0}(t)|}} \tag{2-19}$$

式中：$W\chi_0$——参考序列的二次累减生成；

$W\chi_i$——比较序列的生成，可用下式表示：

$$W\chi_0(t) = \alpha^{(2)}[\chi_0(t)] = \alpha^{(1)}[\chi_0(t+1) - \alpha^{(1)}(\chi_0(t)];\tag{2-20}$$

$$\alpha^{(1)}[\chi_0(t)] = \chi_0(t+1) - \chi_0(t),$$

$$W\chi_i(t) = \alpha^{(2)}[\chi_i(t)] = \alpha^{(1)}[\chi_i(t+1)] - \alpha^{(1)}[\chi_i(t)];$$

$$\alpha^{(1)}[\chi_i(t)] = \chi_i(t+1) - \chi_i(t), t = 2, L_n - 2$$

式中：$\rho_0 = W\chi_0(t)/Vt^2$

$\rho_i = W\chi_i(t)/Vt^2$ 分别为参考序列 χ_0 与比较序列 χ_i 在 t 时刻的曲率值，可以用中心差分法表示为：

$$\rho_0 = \frac{W\chi_0(t)}{Vt^2} = \frac{[\chi_0(t+2) - 2\chi_0(t+1)) + \chi_0(t)]}{Vt^2}$$

$$= \frac{a^{(2)}[\chi_0(t)]}{Vt^2},$$

$$\rho_i = \frac{W\chi_{\mathrm{i}}(t)}{Vt^2} = \frac{[\chi_{\mathrm{i}}(t+2) - 2\chi_{\mathrm{i}}(t+1)] + \chi_{\mathrm{i}}(t)}{Vt^2}$$

$$= \frac{a^{(2)}[\chi_{\mathrm{i}}(t)]}{Vt^2} \tag{2-21}$$

$\max|\rho_{\mathrm{i}} - \rho_0|$ 为 t 时刻参考序列 χ_0 与比较序列 χ_{i} 的最大曲率差，可用二次累减生成表达为：

$$\max|\rho_i - \rho_0| = \max\left|\frac{a^{(2)}[\chi_{\mathrm{i}}(t)]}{Vt^2} - \frac{a^{(2)}[\chi_0(t)]}{Vt^2}\right| \tag{2-22}$$

当参考序列 χ_0 与比较序列 χ_{i} 均为等时差数列时，曲率关联系数用二次累减数列表示为：

$$\xi(t) = \frac{1}{1 + \frac{|a^{(2)}[\chi_{\mathrm{i}}(t)] - a^{(2)}[\chi_0(t)]|}{\max|a^{(2)}[\chi_{\mathrm{i}}(t)] - a^{(2)}[\chi_0(t)]|}} \tag{2-23}$$

2）静态位移曲率置信因子

由式（2-19）可知，灰色曲率关联系数的变化范围时 $0.5 \leqslant \xi_{\mathrm{i}}(t) \leqslant 1$，为了使灰色关联系数能更好地反应结构的损伤，对式（2-19）进行了修正，从而使反映损伤位置的参数变化区间为 0.27～1.0，通过该系数使损伤位置更加清楚地表达出来。

将 $\mathrm{SDCAC_i}$ 定义为结构节点的静态位移曲率置信因子，即

$$\mathrm{SDCAC_i} = \frac{1}{1 + e^{\lambda_i}\lambda_i} \tag{2-24}$$

其中：$\lambda_i = \frac{|\rho_i^{(d)} - \rho_i^{(u)}|}{\max|\rho_i^{(d)} - \rho_i^{(u)}|}$，$\rho_i^{(u)}$、$\rho_i^{(d)}$ 为结构发生损伤前后第 i

节点的位移曲率值,分别可以用下式进行计算:

$$\rho_i^{(u)} = a^{(2)}[u_u(i)]/\nabla x_i$$

$$= \{a^{(1)}[u_u(i+1)] - a^{(1)}[u_u(i)]\}/\nabla x_i$$

$$a^{(1)}[u_u(i)] = [u_u(i+1) - u_u(i)]/\nabla x_i$$

$$\rho_i^{(d)} = a^{(2)}[u_d(i)]/\nabla x_i$$

$$= \{a^{(1)}[u_d(i+1)] - a^{(1)}[u_d(i)]\}/\nabla x_i$$

$$a^{(1)}[u_d(i)] = [u_d(i+1) - u_d(i)]/\nabla x_i, i = 2, L_n - 2$$

(2-25)

式中:　　$u_u(i)$、$u_d(i)$——损伤前、后的第 i 节点位移;

$a^{(1)}[u_u(i)]$、$a^{(1)}[u_d(i)]$——损伤前、后节点 i 的位移的一次累减生成;

$a^{(2)}[u_d(i)]a^{(2)}[u_d(i)]$——损伤前、后节点 i 的位移的二次累减生成。由式(2-24)可以看出,静态位移曲率置信因子 $0.27 \leqslant SDCAC_i \leqslant 1$。

3)利用静态位移曲率置信因子进行损伤定位方法

由于静态位移曲率置信因子体现了结构损伤前、后各节点的相对接近程度,以未损伤结构的节点位移曲率作为参考序列,发生损伤后的各节点位移曲率作为比较序列,结构损伤时的静态特性表现为局部性,则在发生损伤的单元节点的位移曲率变化程度远大于未损伤的单元,未发生损伤的单元节点在损伤前后的相关性好，节点静态位移曲率置信因子必然较大，$SDCAC_i$接近或等于1；反之，发生损伤的单元在损伤前后的相关性差，节点静态位移曲率置信因子必然较小。因此根据各节点静态位移曲率置信因子的大小就可以判断结构在损伤发生前、后该点的位移曲率相关性程度，从而可以判断结构在该点是否发生了损伤，由式(2-24)可知，$0.27 \leqslant SDCAC_i \leqslant 1$，$SDCAC_i$越大，曲率相关程度也就越大，则发生损伤的可能性越小；反之损伤大小越大，$SDCAC_i$也就越小。

由于结构上不同部位对损伤的敏感性不同，因此在对损伤位置进行识别时需要多种荷载工况作用。利用静态位移曲率置信因子对损伤进行定位时，通常要3～4种荷载工况，取各荷载工况作用下各节点的$SDCAC_i$的平均值作为该节点的$SDCAC_i$，用于识别损伤位置。根据某个方向上各节点的$SDCAC_i$变化曲线，可对结构在该方向的损伤进行定位，即当该方向上某点发生损伤时，该方向上该点的$SDCAC_i$在损伤部位形成明显凹槽或低谷。$SDCAC_i$变化曲线上凹槽或低谷，就是发生损伤可能性最大的区域。

对于梁类结构的损伤定位，由于结构是一维的，因此只需要确定沿轴线方向上损伤位置即可。通过沿着梁的轴线方向上节点的$SDCAC_i$随节点位置的变化曲线，就可以清楚地看到各节点的静态位移曲率沿轴向的变化情况，若某处发生损伤了，则该处的两个节点$SDCAC_i$明显得小于未损伤处点的$SDCAC_i$，从而判断结构损伤发生的具体位置。具体步骤如下：

(1)计算梁上各节点在损伤发生前后的曲率

图 2-24 中表示了梁上相邻的 3 个节点，节点 i 在结构发生损伤前、后的曲率可运用中心差分法由式(2-26)近似计算得到：

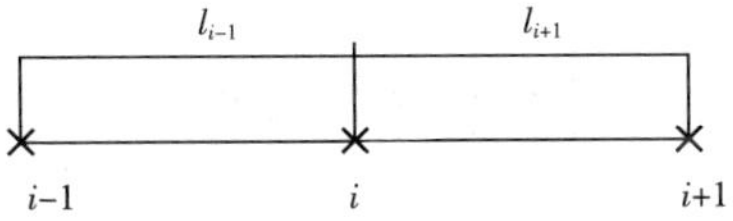

图 2-24　梁上节点

$$\rho_i = \frac{w_{i-1} + w_{i+1} - 2 \times w_i}{l_{i-1} \times l_{i+1}} \tag{2-26}$$

式中：ρ_i——i 节点曲率值；

w_i——节点 i 的挠度。

(2)计算梁上各节点的 $\mathrm{SDCAC_i}$

由式(2-24)计算梁上各节点在单元发生损伤后各节点的静态位移曲率置信因子 $\mathrm{SDCAC_i}$。以梁上各节点的位置为横坐标，以各节点的 $\mathrm{SDCAC_i}$ 值为纵坐标，做各节点的 $\mathrm{SDCAC_i}$ 沿梁的轴线方向的变化曲线。

(3)判断损伤发生的位置

$\mathrm{SDCAC_i}$ 变化曲线上 $\mathrm{SDCAC_i}$ 的值明显小于其他位置的节点所连接的单元就是可能发生损伤的单元。

2. 大桥结构损伤定位

(1)拱轴、上下游桥面的损伤定位

由有限元计算结果和表 2-3、表 2-4 中拱肋和桥面的实测数据可得拱轴、上下游桥面的位移曲率置信因子沿纵向变化曲线如图 2-25 所示。

图 2-25a)表示上、下游拱轴各节点的 SDCAC 曲线的变化，由图可以看出：整个曲线沿桥的纵向变化均匀，在整个桥

的纵向节点的 SDCAC 值仅在吊杆 17 处均形成了凹陷，因此在上、下游拱轴上可能发生损伤的区域为吊杆 17 左右两侧的拱段。

图 2-25b）表示上、下游桥面各节点的 SDCAC 的变化曲线。由图上游桥面各节点的 SDCAC 的变化曲线可以看出：整个变化曲线共 4 个明显的凹陷，因此可知在上游桥面、吊杆及桥下梁有 4 个可能的损伤区域，分别位于吊杆 5、6 间；吊杆 11 两侧。吊杆 15、17 间；吊杆 20 两侧。由于桥面的SDCAC变化曲线综合反映了桥面、桥下梁、吊杆及拱的损伤情况，因此对于桥面、桥下梁、吊杆的损伤要结合拱的SDCAC曲线的变化进行分析。在吊杆 5、6 间的损伤区域中，桥面上与吊杆 5 交接处的 SDCAC 小于桥面上与吊杆 6 交接处的 SDCAC，故在该区域可能发生的部位是吊杆 5、吊杆 5 连接的桥下梁及吊杆 5 与 6 间的桥面；在吊杆 11 两侧的损伤区域中，桥面上与吊杆 11 交接处的 SDCAC 远小于两侧桥面上与吊杆交接处的 SDCAC，故在该区域可能发生的部位是吊杆 11、吊杆 11 连接的桥下梁；吊杆 17 两侧的损伤区域中，容易判断发生损伤可能性较大的区域为吊杆 15 至 17 间的桥面、吊杆 16；吊杆 20 所在的损伤区域中，可判断发生的区域为吊杆 20 或吊杆所连接的桥下梁。图 2-25b）中下游桥面与杆交接处的 SDCAC 变化曲线可以看出，在下游桥面、吊杆及桥下有 6 个可能的损伤区域，即吊杆 5、12、14、19、21、23 处；即有可能发生损伤的部位时：吊杆 5 及所连接的桥下梁；吊杆 12、吊杆 12 所连接的桥下梁及吊杆 11、12 间的桥面；吊杆 14 及所连接的桥下梁；吊杆 19 及所连接的桥下梁；吊杆 21、吊杆 21 所连接的桥下梁及吊杆 23、吊杆 23 所连接的桥下梁。

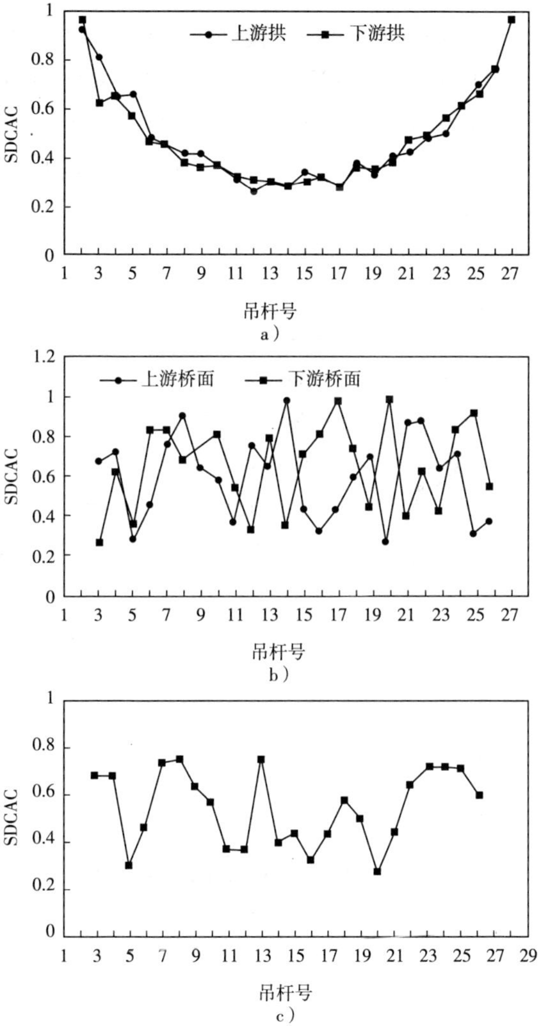

图 2-25

a）上、下游拱轴；b）上、下游桥面；c）上、下游桥面的综合变化曲线综合上、下游桥面与吊杆交接处的SDCAC曲线得到整个桥面的SDCAC曲线，如图2-25c）所示。从图2-25c）可以清楚地看到沿桥的纵向共有4个区域发生损伤的可能性较大。分别位于吊杆5、6间的桥面、桥下梁；吊杆5；吊杆11、12间的桥面、桥下梁、吊杆11、12；吊杆16两侧的桥面，吊杆16、桥下梁；吊杆20两侧的桥面、桥下梁及吊杆20。

（2）吊杆的损伤定位

上、下游吊杆的索力变化曲线如图2-26所示，途中整个桥上索力总体分布均匀。由图可知上游吊杆索力曲线中，索力在吊杆12、14、19、24处发生了较大的变化，发生损伤可能性较大的是这4个吊杆相邻的吊杆；下游吊杆索力曲线在吊杆5、11、15处发生了突变，因此发生损伤可能性较大的是这4个吊杆相邻的吊杆；结合吊杆索力的变化曲线与桥面SDCAC曲线可以进一步对吊杆的损伤进行判断，即上游可能发生损伤的吊杆是吊杆11、16、20；下游可能发生损伤的吊杆是吊杆5、12、14。

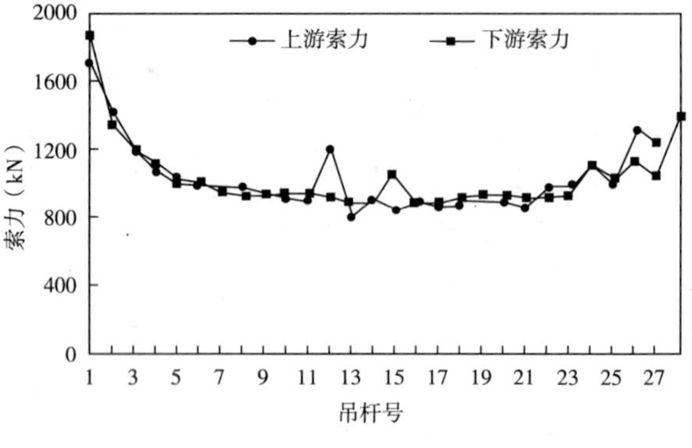

图 2-26 上、下游索力变化曲线

第八节　结论及建议

1. 结论

1）桥梁材性参数

混凝土外观质量良好，通过对桥梁若干部位取样，测试分析得：

（1）被检测芯样的强度范围在72～83MPa之间，远远高于设计值。

（2）取样部位的混凝土所承受过的最大应力没有超过极限应力的40%；

（3）被检测芯样的损伤量在3.43%以内，混凝土基本完好。

2）桥梁结构损伤及病害情况

（1）从桥梁现状普查可见，桥梁各吊杆的锚头均发生了不同程度的锈蚀，部分锚头锈蚀严重；

（2）吊杆外观基本完好，部分吊杆PE护套有损伤；

（3）桥面横梁均有裂缝发生，部分横梁裂缝宽度超限值。

3）桥梁系整体线形

拱肋线形光滑，上下游拱肋线形吻合程度良好；桥面上下游线形基本吻合，桥跨中有一定程度的下挠，下挠值约为10cm；桥梁整体线形与设计值吻合较好。

4）桥梁荷载试验

（1）大部分应力校验系数在0.5～0.9之间，大桥拱肋整体受力正常，满足设计要求，并有安全储备；

（2）各种荷载工况下最大挠度处的校验系数在0.5～0.85

之间，满足设计要求。但是，拱跨中的最大挠度达 30.5mm，超过了规范规定的钢筋混凝土拱桥上部结构最大竖向挠度的容许值 21mm（*L*/800）。因此，桥梁刚度不足，会影响桥梁的正常运营。

5）桥梁损伤定位

（1）拱肋可能损伤部位：吊杆 17 左右两侧的拱段。

（2）桥面、桥下梁可能损伤部位：吊杆 5、6 间的桥面、桥下梁；吊杆 11、12 间的桥面、桥下梁；吊杆 16 两侧的桥面、桥下梁；吊杆 20 两侧的桥面、桥下梁。

（3）可能损伤吊杆：上游可能发生损伤的吊杆是吊杆 11、16、20；下游可能发生损伤的吊杆是吊杆 5、12、14。

2. 建议

通过检测和计算分析表明，桥梁的承载力满足设计要求，但桥梁的挠度超过规范限值，刚度不足，需要采取措施增加桥梁的刚度或对通行的车辆进行限制。同时，还需做好以下工作：

（1）加强吊杆锚头的养护工作，防止锚头的进一步锈蚀，对于锈蚀严重的部件应考虑进行更换；

（2）定期观察桥下横梁裂缝的发展情况，对其进行修补或加固，以保证结构的耐久性。

（3）定期重点观察结论中所提及的可能损伤部位，以将危险和灾难消灭在萌芽状态，避免事故发生。

参考文献

[1]李新梅. 桥涵施工与养护技术. 北京:人民交通出版社. 2005

[2]中华人民共和国交通部标准. 混凝土结构锚固技术规程(JGJ 045－2004),北京:中国建筑工业出版社. 2005

[3]中国标准化协会标准. (CECS 25－90)[S]. 混凝土加固技术规范. 北京:中国计划出版社. 1992

[4]中国标准化协会标准. (CECS 146:2003)[S]. 碳纤维片加固混凝土结构技术规程. 北京:中国计划出版社. 2003

[5]中华人民共和国交通部标准. (JTJ－2000). 公路桥梁施工技术规范. 北京:人民交通出版社,2000

[6]中华人民共和国交通部标准. (JTG D60－2004)[S]. 公路桥涵设计通用规范. 北京:人民交通出版社,2004

[7]中华人民共和国交通部标准. (JTG D62－2004)[S]. 公路钢筋混凝土及预应力混凝土桥涵设计规范. 北京:人民交通出版社,2004

[8]中华人民共和国交通部标准. 公路旧桥承载能力鉴定方法[S]. 北京人民交通出版社,1989

[9]中华人民共和国交通部标准. (JTJ 041－2000)[S]. 公路桥涵施工技术规范. 北京:人民交通出版社,2000

[10]中华人民共和国交通部标准. (JTG B01－2003)[S]. 公路工程技术标准. 北京:人民交通出版社,2003

[11]中华人民共和国交通部标准. (JTG F80/1－2004)[S]. 公路工程质量检验评定标准. 北京:人民交通出版社,2004

[12]中国标准化协会标准. (CECS03:1988)[S]. 钻芯法检测混凝土强度技术规程. 北京:人民交通出版社,1988

[13]中华人民共和国国家标准. (GB/T 50081－2002)[S]. 普通混凝土力学性能试验方法. 北京:人民交通出版社,2002

[14]中华人民共和国国家标准.（GB 50152－92）[S]. 混凝土结构试验方法标准. 北京:人民交通出版社,1992
[15]中华人民共和国国家标准.（GB/T 50344－2004）[S]. 建筑结构检测技术标准. 北京:人民交通出版社,2001
[16]中华人民共和国国家标准.（GB 50026－93）[S]. 工程测量规程. 北京:人民交通出版社,1993